幼兒自然科學經驗
教材教法

周淑惠/著

作者簡介

周淑惠

現任：國立新竹教育大學幼兒教育學系／所教授

學歷：美國麻州大學教育博士（主修幼兒教育）

美國麻州大學教育碩士

國立政治大學法學碩士（公共行政）

經歷：新加坡新躍大學兼任教授

徐州幼兒師範高等專科學校客座教授

澳門大學客座教授

美國北科羅拉多大學研究學者

美國內布拉斯加大學客座教授

美國麻州大學客座學者

國立新竹師範學院幼兒教育系／所主任

國立新竹師範學院幼兒教育中心主任

行政院農業發展委員會薦任科員

考試：公務人員高等考試普通行政組及格

序　言

　　本書——「幼兒自然科學經驗：教材教法」顧名思義，是論及幼兒自然科學經驗應如何呈現，以及應呈現何種經驗，它適合有心進行學前至小學低年級階段自然科學教育之從業人員與教師參考。任教師院五年來，每年均教授幼兒數學與自然教材教法，幼兒數學教育領域是我的專長，個人已於八十四年將過去所學與經驗撰寫成書「幼兒數學新論：教材教法」。本人雖並非科學教育專家，但對幼兒科學教育一向有濃厚興趣，今竭盡所能，將多年任教、涉獵、與實務經驗整理成書，期望諸位先進不吝指正。

　　理論是實務之指導原則，實務則彰顯理論（理念），幼兒教師不僅要知如何教，而且更要知爲何如此教。故本書分爲二大篇，第一篇是「理論篇」，揭示了幼兒自然科學教育之理論基礎，以爲幼兒自然科學教育實施之依據，包括幼兒自然科學教育之目標、方法與內容。第二篇是「活動篇」，分別討論了動物、植物、生存（地球）環境，與自然力量四大主題內容之概念要點與活動設計。這些概念要點與活動設計以網路方式呈現涉及各領域的相關活動，期能提供幼兒教師教學時的參考資源。

　　至於本書之教學觀，在歸結各家理論後，採擷社會建構論的精神。筆者一向珍視建構、發現在幼兒學習上的重要性，但更強調教師在幼兒建構、發現知識過程中的積極性引導角色。竊以爲：⑴科學知識有其真確性，在兒童經常建構「天真理論」（Naive Theory）情況下，教師的角色應是更積極的提供鷹架指引；⑵研究證實幼兒在豐富的環境中探索，往往是「船過水無痕」，無法發現或建構重要的科學概念，教師助其一臂之力，將其學習經驗統整或引導，是

達成有效學習之法門；(3)幼兒科學教育之目標應是科學知識的獲取、科學方法的習得、與科學態度的薰陶三者均重，教師的適切引導角色確保幼兒在科學探索過程中，能同時獲致重要科學概念、科學探究方法，以及養成科學態度。

　　根據筆者之輔導、評鑑經驗發現：幼教老師無論是在自然科學的學科知識方面，或是在自然科學的教學方法部分均非常匱乏與薄弱，亟待強化，本書理論與實務兼重，當可提供並促進幼師之專業知能。

　　在人生旅途上，筆者常感念一些曾予我幫助的人士，若非他們的協助，就沒有今日的我。首先感謝的是我的父母、先生、子女的支持，再要感謝的是幾位恩師的協助：政治大學徐立德老師、朱堅章老師、傅宗懋老師、張治安老師，麻州大學 Dr. George Forman、Dr. Alfred Karlson、Dr. David Day、Dr. Howard Peelle，以及竹師前任院長陳漢強先生、現任院長黃萬益先生，與系上親愛的同仁們江麗莉老師、簡楚瑛老師、林麗卿老師、鐘梅菁老師、丁雪茵老師等。當然本書之所以能出版，要感謝我的助理洪俐如、顏美娟、宗煥玟以及學生陳書勤小姐的大力幫忙，尤其是俐如的辛苦整理，是本書最大功臣。

周淑惠

寫於風城竹師
八十六年元月初版
八十七年六月再版

目　錄

附表目次

附圖目次

第一篇 理論篇

　　本書分為兩大篇，第一篇是理論篇，第二篇是活動篇。吾人以為，教學理論（理念）指導教學實務，熟知為何如此教，甚而比知道如何教更為重要，因此，特以理論篇闡述幼兒科學教育有關理論。第二篇則進而根據第一篇之論述，提出課程與活動設計，包括主題概念要點與具體活動實例，以供幼兒教師參考。

　　在第一篇中，主要有三章：緒論——幼兒與自然科學；當代幼兒科學教育之理論基礎；及幼兒自然科學課程之實施。在第一章中筆者討論科學之意涵與幼兒之特質，以為整書——幼兒自然科學經驗之開宗明義章。在第二章中則揭示當代幼兒科學教育之各家理論，包括皮亞傑、佛曼、與布魯納，以及近年來崛起之後皮亞傑學派，並進而統整各家理論，提出結論要點。第三章則根據前二章之理論分析，提出筆者對幼兒自然科學課程實施之主張，包括幼兒自然科學教育之目標、幼兒自然科學教育之方法、以及幼兒自然科學教育之內容。

第一章　緒論──幼兒與自然科學

人類生存於大自然環境中，周遭環繞著優美的、有趣的、或令人敬畏的自然現象，如：四季景色更迭、火山地震驟變、風雲雷電馳掣、毛蟲蝴蝶蛻變、磁力吸斥現象……等，人類倚自然世界為生，探索自然奧妙、如何與「自然共舞」，成為人類與科學家亙古以來的努力事業。此外，人類生活也與科學技術不可分，科學技術對人類生活之影響至深且鉅，若無科學方面的進步，人類很難度日或存活，例如：冷暖器等家電用品，曳引、升降等重型機械，通訊運輸網路與設備，醫療藥品與器材……等。自然科學既無所不在、與人類生活密切相關，研究自然科學自有其重大意義。然而，在探討幼兒自然科學教育前必先了解「科學」到底是什麼？即科學之意涵也；以及了解幼兒到底是什麼？即幼兒之本質也，方能對症下藥，研擬適切且具體的課程與教學建議。茲將幼兒的本質與科學的意涵分述於以下二節。

第一節　科學之意涵

當詢及科學是什麼時，一般人可能首先想到物理、化學、生物學、天文學等學科知識，或者是在腦中浮現一幅身穿白袍的科學家在實驗室手持試管、注視顯微鏡的工作景象。科學（Science）一詞是由拉丁字 scire 而來，意為「求知」（to know）。根據 Harlan（1988）之說：「當人們欲求理解世界之心導成仔細蒐集、測試、分享訊息的方式，就稱之為科學。」此一定義提及知識及求知的方

法，但似乎較著重於求知的方法。事實上，有關科學的定義，哲學
家自古以來即有「成果抑過程？」（product-process）之爭（Dietz &
Sunal, 1976），即知識與方法之辯：

一、科學即成果

　　定義科學爲成果（產品）者，視科學爲由實驗與觀察結果所發
展出的一組相關的事實、概念與架構；換言之，科學乃指科學探究
所獲之科學知識，而科學知識包括概念（concept）、原則（princip-
les）與理論（theory）。概念是由特殊或相關經驗所通則化出來的
觀念，電流、聲音、空氣、細胞、植物等皆爲科學概念。而由幾個
相關概念通則化所得即爲科學原則，這些自然法則可以預測自然現
象，如：「金屬遇熱則膨脹」、「磁鐵之同極相斥」、「衛星繞著
地球走」等，就「金屬遇熱則膨脹」此一原則而言，它涉及了金
屬、熱及膨脹三項概念。至於理論則爲一大組解釋多種科學現象的
相關科學原則，如進化論、細胞結構論等。

二、科學即過程

　　定義科學爲過程者，視科學爲一種思考、一種獲致新知識的方
式，即一種吾人發現所處周遭世界知識（科學知識）的一種方法。
Holt（1989）言：對於幼兒而言，科學是持續的好奇、尋找答案與
求知。科學是思考以及做二件事之整合。換言之，科學並不是知識
（事實）的彙集與待記的公式，科學比較是一個動詞——一個求知
的方式，而非名詞；科學是了解我們世界的方式，是人類的努力
（Brunkhorst, 1991）。這些求知的方法，根據美國科學促進會
（American Association for the Advancement Science）設計的「科學－
過程取向」（Science--A Process Approach）課程中所揭示的程序性
技巧包括：觀察、分類、推論、預測、使用數字、溝通、使用空間
時間關係、測量（引自 Althouse, 1988）。以上八項程序能力是幼稚

園至小學三年級所應培養的基本能力，Abruscato（1988）還提出五
項統整性程序能力，就每一項統整性能力均含上述某些項基本能
力，這些統整性程序能力如：控制變項、解釋資料、形成假設、下
操作性定義及實驗。

三、科學具多面性

對於「科學即成果」、「科學即過程」二極之爭，有學者則認
為科學既是成果也是過程，如果有人觀察自然世界中的現象並形成
一組立論以解釋這些現象，他就是在「做」「科學」（Durrell,
1960）。Levenson（1989）指出：科學是以如何、為什麼來思考周
遭世界，它是對經常事件分辨其間關係並尋求型式規則（Pattern）
以促進對世界的理解。科學既是自然與人為世界的知識，同時也是
發現該知識的技巧（Newman, 1978）。簡言之，科學是知識，也是
求知方式（Howe, 1975）。這樣的定義考慮到科學所產出之物以及
獲取此產物之程序。甚而當代許多教育學者認為科學不僅是知識與
程序，而且也是一種價值或態度，亦即科學具多面性（Abruscato,
1988）或多元素（elements）（Carin & Sund, 1989），科學是由內容
（知識）、程序（方法）與態度（價值）之混合（Cliatt &Shaw,
1992）。而所謂態度包括好奇、謙卑、懷疑、開放的心靈、客觀、
鍥而不捨、對失敗抱持正向態度、避免獨斷或易受騙等，這是科學
家於進行科學探索時所採用的法則或抱持的價值（Carin &Sund,
1989）。

無可置疑地，一般人談到科學時，通常是先想到它的內容——
即科學知識也，如：物理學、生物學、天文學……等。吾人以為科
學知識是瞭解自然現象、改善人類生活所必要的，然而「科學知
識」（概念、原則與理論）是科學家運用「科學方法」（觀察、分
析、推論、預測、實驗等），並抱持「科學態度」（好奇、謙卑、
懷疑、開放之心、客觀等）所發現的，若無科學方法與態度，科學

知識無從產生。因而吾人論及科學時似應涵蓋科學程序、科學態度及科學知識三個面向，程序、態度與知識實為科學的三項主要元素（Carin & Sund, 1989）。綜上所述，可知科學家即為運用科學方法、秉持科學態度去從事科學探究活動，進而發現科學知識的人，即環境之探索者也（Abruscato, 1988）。就此而言，若任何人運用科學方法、科學態度去從事科學探究活動，並發現或知覺一些知識，那麼他也算得上是科學家了。

第二節　幼兒之特質

　　吾人探討幼兒自然科學教育前，除必先了解科學之意涵外，尚須對幼兒之特質有所了解，究竟學前幼兒是有別於小學生或初、高中生的。到底學齡前之小人兒具有那些特性？筆者以為學前幼兒是個探索者、思考者，及是一個完整的個體所組合而成的一個小小科學家，茲分述於下：

一、探索者

　　幼兒天生好奇，在日常生活中自然流露各種問題，他們想知道事物到底是怎麼樣？為什麼會這樣？總有千萬個問不完的問題纏繞著成人。對於下列的問題，您是不是也曾熟悉呢？

　　為什麼吉米（小狗名）不能生小貓咪？
　　為什麼天空是藍色的？
　　為什麼晚上天會暗暗的？
　　為什麼吃藥藥就不生病了？
　　為什麼月亮會住在天上？

　　幼兒對周遭事物充滿疑問，基本上其所問問題之本質與科學家的問題並無軒輊。除了是個好奇者、發問者外，幼兒也是個行動者、實踐者。皮亞傑將人生第一個階段稱之為感覺動作期（sensori-motor stage），嬰兒甫自出生把各種東西放入嘴巴始，即運用其各種感覺與肢體探索周遭的環境，他想要知道周遭事物是怎麼樣？以及會怎麼樣？（有什麼反應？）是個天生好奇的「探索者」。例如在面對一灘爛泥時，他們可能會想知道：「如果我一腳踩下去，會發生什麼事？泥巴踩起來會怎麼樣？會不會從我腳趾間滿上來？」；再如與吉米（狗）玩時，他們可能想知道如果把小狗的後腳抓高，牠會單用前腳站穩嗎？或者會像皮皮（狗）一樣，會用後腳站立？又如在觀察蠶寶寶時，他們可能會將其翻身看看牠會怎麼樣？或拿片白菜葉子看看牠吃不吃？可以說自然界的任何事物都會引發幼兒的好奇心與探索行為。再如：用樹枝撥弄毛蟲、觀看螞蟻搬送食物、拆開發條玩具、摸摸石頭的紋路（或青苔）等，在生活中經常可見，沒有東西能逃脫其注意力之外，尤其是愈不知道或愈被禁止觸摸之事物，愈想一探究竟或試驗其想法。像這樣的在好奇心之驅使下，想了解周遭事物、觀察其反應、並實際付諸行動的現象實與科學家之探究行為相若，足可媲稱為小科學家矣。

　　科學家是運用科學探究方法以解決問題者，這些科學方法包括觀察、推論、實驗、溝通等，例如：當科學家發現組織病變時，將病體不斷化驗觀察，推斷形成原因，試圖找出藥方，然後注入白鼠或其他試驗體，再視試驗結果提出結論，然後也許又持續以上過程重複數回。其實幼兒和科學家一樣也使用科學家的探究方法，只是不自覺而已，吾人若仔細觀察，必能發現：

1. 18個月大的嘟嘟坐在地毯上堆積木，堆高了後就推倒，笑得很開心。
2. 當他一面玩時，一面不時地接過來媽媽遞給他的奶瓶。

3. 他玩得太興奮了，不自覺地將奶瓶推倒在地毯上，果汁濺了出來。

4. 無意間小嘟嘟把手放在地毯上的那塊濕濕的地方，他覺得很奇怪。

5. 他看看自己的手，看看地毯，再去摸一次濕的地毯——觀察。

6. 他站了起來再去拿奶瓶，喝了一口，看了看奶瓶，回到地毯上，又摸了地毯上濕濕的那塊地方——推論。

7. 然後，他故意把果汁濺在地毯上，並用手去摸新弄的濕濕處——實驗（測試他的想法）。

8. 他又重複了一次上述步驟，於是他笑了，喝了兩口果汁後，就把奶嘴對著地毯擠弄，地毯上的濕處擴散愈大，他愈開心，直到媽媽制止——下結論。

　　本例中嘟嘟尋找地毯潮濕之因，與一位科學家試圖找出癌症的藥方，所做的努力過程是一樣的，均涉及觀察、推論、實驗、溝通等科學方法。讓我們再看看下面的實例：

1. 五歲的培威在下過雨的沙箱中玩弄小玩具車。

2. 他用力推動車子，但車子無法行走自如。

3. 他試著用手撫沙、整修「馬路」幾次，但車子仍走得不順。

4. 他看了看車子，用手摸摸輪子上所附著的沙，楞了一陣子。

5. 他抬頭四處望望，撿起幾片大的落葉放在沙箱中。

6. 車子行走順多了，但幾次都卡在葉片之間，小車子倒翻了，培威看了看、又試了試。

7. 他快步走入教室，從美勞區拿了二張西卡紙舖在沙上。

8. 培威笑得好開心，因為車子可以行走順暢。

9. 隔了一會培威自言自語道：馬路太大了，改小一點比較好玩。

10. 於是培威又忙著找老師幫他裁紙。

在培威的例子中，不難發現他連續試用了幾種不同方法，並查驗結果，最後才找出滿意的解決方案，無疑地，他運用了科學探究的方法；而且他鍥而不捨、獨立自主、堅定自信的態度，也是科學家從事科學探究時所抱持的態度。在培威玩沙的過程中，不但抱持了科學態度，進行了科學探索，而且也學到了科學知識——物體在堅硬平滑的表面較能移動自如。足見科學即為方法、態度與知識內容三者之混合。此例除可說明幼兒是個探索者、小科學家外，更可顯示遊戲中學習的真諦。

二、思考者

邏輯推理是科學探究過程的理論基礎，其功能為歸結證據，排除不合適假設，進而導致真知實學（趙金祁，民71），簡言之，科學實與邏輯推理不可分。吾人以為，學前幼兒不是沒有邏輯知識的小人兒（柯華葳，民84），上述培威在玩沙的探索過程中即充分顯示是個十足的推理、思考者。

學前幼兒是具有思考能力的，其分類、排序、因果推理等邏輯思考能力是從嬰兒期就持續變化、逐漸發展的（周淑惠，民84、民85a；Case, 1986）。以因果關係為例，初生之幼兒就開始用他的本能反應和知覺去探索世界，去經驗對因果關係的理解，例如「只要採取某一行為，周圍的人與物就會有所反應」，這因果關係是經過不斷重複實驗而被理解的：

哭——媽媽說：「怎麼了小乖乖？」——媽媽過來抱他
揪爸爸的鬍子——爸爸：「唉喲」一聲——爸爸用手摸摸鬍子
將湯匙擲到地上——叮噹一聲——有人會過來撿起湯匙

可能有很多母親經歷過以上第三個情事，當看到湯匙掉落時，趕緊過去拾起來，而坐在椅子上的小肇事者卻不領情地又丟回地

上，如此你丟我撿好幾回，他卻笑得好開心，因爲他經歷並理解了其間的因果關係。研究亦證實二歲以後的前運思期幼兒能對熟悉的事件，或可見、可觸摸的物體作因果思考（Berzansky, 1971; Schmidt & Paris, 1977; Gelman, 1979），因果思考能力的發展是萌發於嬰兒期，其後日益精進的。Case（1986）的平衡稱重實驗結果說明了幼兒之思考能力是自小就穩定成長的，當被問及天平的那一邊會下降時，三歲半至五歲幼兒的回答是：「看」起來比較重的那一邊會下降，他運用的是知覺技巧；當接著問：那一邊會上升時，五歲幼兒已能作逆向思考，倒反其所用策略，五至七歲幼兒則發展出計數策略，他的回答是：這一堆比較多（砝碼），所以它比較重，會下降；七歲至九歲兒童則能統整考慮重量、數目、支點距離三個向度，如果天平二邊是同重同數時，他會回答：這邊離支點比較遠，所以會下降。

當前有許多學者發現幼兒比皮亞傑及吾人所認定的還要具有能力。有些學者指出：祗要施測的內容或方式是對幼兒很熟悉、有意義、可理解的情境，那麼幼兒的表現絕對是相當有能力的（Walsh, 1992）。Berzansky（1971）指出：皮亞傑要求幼兒用口語回答離其經驗很遠的自然事件之因果關係，如雲、太陽、月亮之移動，結果當然是超乎幼兒能力所及，而以超凡、神奇或魔術等原因來解釋這些現象；他則讓幼兒操作實物，結果發現幼兒能作因果思考。Donaldson（1978）指出，皮亞傑傳統的「娃娃觀山」測驗若代之以有情境意義的「警察與娃娃捉迷藏」測驗，有90%的三至五歲幼兒能遠離自我中心（decenter）思考，設法不讓娃娃被警察抓到。此外，許多後皮亞傑學派學者也證實幼兒在具有充足知識的特定領域（domain）內，會使用進步的推理思考。例如：小恐龍專家能將第一次見到的恐龍歸於原所熟悉的某一類別，然後推論其習性（Inagaki, 1992）；而且小恐龍專家在恐龍這個知識領域的認知複雜度比對恐龍是生手的大人要高得許多，他能依各種不同特徵如食物、行動、

防衛功能等，將恐龍分類（Chi & Koeske, 1983）。此外，也有一些實證研究發現：幼兒在熟悉的知識領域內，會表現較佳的類比推理（Genter, 1989; Sternberg & Nigro, 1980; 張麗芬，民 82）。

三、完整個體

　　幼兒是人，是一個個體，而且是一個完整的個體，做為一個個體，自有其異於其他個體的個別性特色，即所謂的個別差異也。研究者或兒童發展專家可能告訴我們某年齡階段的發展特徵或常模，但吾人不難發現往往有許多幼兒與常模未能相符。例如：有些四歲的幼兒可能在智力超前同年齡階段的幼兒，但在情緒上或體能發展上卻是相當不成熟的。又育嬰經驗談：「七坐八爬九長牙」，但也有不少嬰兒是四個月大就長牙，但從未經歷爬的過程就會舉步行走。確實有許多幼兒在體能、情緒、認知、社會性等是以不同的速率發展的，因此之故，身為幼兒教師者，除了必須熟諳他們所教幼兒的年齡層特徵，同時也必須容許幼兒間的個別差異，尊重幼兒是一個個體之個別性。正因為個別性，所以不同幼兒間也有其不同之學習模式，這是為人師者在教學時所須注意的。

　　其次，吾人必須強調的是：幼兒是一個「完整」的個體。幼兒的學習與發展是以一個完整的人而進行的，換言之，他們的情感、認知、語文、體能、創造力等各方面發展均是相互交織、彼此影響的。例如：身體微弱無法專心學習，可能影響其認知發展，而認知發展不利可能會影響其情緒與社會發展，反之亦然。只有在身心各領域均能平衡充分發展，才能有健全的個體，因而，身為幼兒教師者應以幼兒全人發展為職志，設計統整性課程，而非偏廢或偏重某一領域的發展。

　　綜上所述，學前幼兒是一個天生好奇、想發現答案的環境探索者，在日常遊戲中不知不覺地運用了科學探究的方法，顯現了鍥而

不捨的科學態度，更呈現了推理思考的特質，雖不夠精進、有所限制，但仍可稱爲小小科學家。而在另一方面，我們的小小科學家是有其個別性的，並且是以一個全人的模式發展的。如何讓我們的小小科學家繼續好奇、探究、推理、鍥而不捨、與發現，並達全人發展、完整幼兒目標，足以令人省思，並成爲幼兒教師規劃課程與教學之重要課題。

第二章　當代幼兒自然科學教育之理論基礎

當代教育理論之主流——建構主義、發現學習論，是目前許多自然科學課程所採擷之主要精神，本章即在報導與自然科學教育有關的當代學者之論點，諸如：皮亞傑、佛曼、布魯納等人，基本上，乃由發展論與教學觀切入各家學說。而近年來，深受維高斯基理論影響的後皮亞傑學派崛起，其獨到之「社會建構論」與「鷹架教學論」，為自然科學教育激起反思的漣漪，本章亦特為之探討。

第一節　皮亞傑之理論

瑞士心理學家皮亞傑（Jean Piaget）是一代大師，對於兒童各種概念的發展有精湛的研究，諸如：數量、時間、因果律、運動與速度、邏輯概念、機率、空間、分類等。其發展階段論與建構學習論更是對兒童自然科學教育有極大啟示，茲敘述如下：

一、發展論

皮亞傑將人的一生之認知發展分為四個階段：
- 感覺動作期（出生至二歲）
- 前運思期（三至六、七歲）
- 具體運思期（六、七至十一歲）
- 形式運思期（十一歲以後）

此四階段在發展上具有不變的次序性（invariant sequence），每

一個人均會遵循此一順序而發展，且每個階段各有其獨特的智能結構（Piaget, 1963），尤其是學前幼兒所處之前運思期與六、七歲後之具體運思期，在思考結構上更為截然不同。基本上，前運思期幼兒之思考有幾個特徵：集中化（centering）、注意靜態面而非轉換過程（states vs. transformation）、不可逆性（irreversibility）（Ginsburg & Opper, 1988），因而在「守恒」（「保留」）實驗中無法看出邏輯上之不變性（invariance），或真正理解與邏輯有關之分類、序列、因果關係等概念。以因果概念之發展為例，皮亞傑曾詢問兒童有關自然現象的一些問題，並請其說明原因，結果發現兒童因果概念之發展有三個階段：（Piaget, 1960, 1965；王連生譯，民 67；王文科譯，民 81）

◎第一個階段（三至五歲間）

　　兒童在此階段對於每件事總喜歡問「為什麼？」，如果被問及為什麼並請其說明原因時，他們所回答的內容有幾種特性：心理動機性（motivational）、表面現象性（phenomenistic）、本質終極性（finalistic）、神奇魔術性（magical）、和善惡道德性（moralistic）。也就是三至五歲幼兒常以以上幾項論點來解釋事物之因果關係，例如：「月亮因為明亮，所以不會落下」（表面現象性——祇注意表面現象，以表象解釋事物本質）、「大山是為了大人、小山是為了小孩所有」（心理動機性——萬物之因，在於人類的動機）、「魚之所以有鰭，乃因它是魚的一部分」（本質終極性——它本來就是這樣）。

◎第二個階段（五至八歲間）

　　此時期兒童之「為什麼」發問次數漸減，但仍熱衷於尋找理由。而對問題所提出之說明具有「人為的」（artificialist）及「萬物有靈的」（animistic）之色彩。所謂人為觀，係指兒童相信每件東

西都是由人或神所創造，如：「上帝使用木材與木炭把太陽點燃」、「爲了使船能通過，人製造了河流」。所謂萬物有靈論意指兒童相信自然界的事物像他一樣，是有生命、意識、意圖、和情感的。泛靈觀其實也有階段性，兒童首先對只要對人有用的物體，都會認爲是有生命的，接著是僅限於會移動的物體（如：浮雲、汽車），再來是對自發性移動的物體，最後才是動、植物。

◎第三個階段（八至十一歲間）

　　進入此階段兒童已開始能抽象思考、作邏輯推理，先從機械性（mechanistic）、產生性（generative）來說明事物之原因，至十一歲左右開始出現邏輯性說明。

　　綜上所述，可知根據皮亞傑的研究，前運思期幼兒因果概念尚未發展，其邏輯思考能力有所限制。而因果關係是科學的基礎，它使人類能解釋、預測與控制生存環境中的許多現象，是非常重要的。教學要配合認知發展的層次，如果按照皮亞傑的階段論，對於學前幼兒階段的科學教育似乎很難著力。

二、學習與教學論

　　根據皮亞傑之「動態均衡理論」（the equilibration theory），認知發展是一種個人在環境中爲解決認知衝突，透過同化與調適二種功能，以達均衡狀態的內在自我規制過程（Piaget, 1976）。換言之，兒童有不矛盾自己的一個內在需求，當外在資訊與內在既有認知架構有異時（矛盾產生），兒童改變自己的認知架構，建構新的看法以消除矛盾，於是學習自然產生（Forman & Kaden, 1987）。此一理論說明了知識之產生是主體（兒童）經由其內在活躍的心靈活動所建構而來的，它是自我啓動、自我管制的過程。學習者並非僅僅是累加堆積新訊息於既有貯存之知識系統中，他們必須將新資訊與已建立的知識結構相互交織聯結，在這些結構中建構新的關係

網。故而,學習乃是內在自導與建構的一個過程。「要了解就必須去發現」(To understand is to invent)(Piaget, 1973a),「理解一個理論或要義,意謂這個理論被這個主體再發現(reinvention)」(Piaget, 1973b),充分說明了學習之自導性與建構性。

又根據皮亞傑的知識論,人類知識的獲得是一個活躍的過程,要理解事物乃須將實體(物)納入轉換(transformation)系統以茲考量,同時欲求得知識也涉及轉換實體以理解某一種狀態是如何產生的?(Piaget, 1970)換言之,求知與操作實物有關,而非被動地抄襲實體(reality),兒童必須變換物體的狀態——丟、敲、混合、擲、推、拉、拆、移動、捏它,並觀察物體轉換所引起的改變,才能獲得知識。簡言之,了解一項東西是要去操作它並轉換它。兒童在操作實物時會產生兩種知識——物理知識與邏輯數學知識,物理知識乃操作物體而發現物體的特質,如顏色、重量等;邏輯數學知識之獲得不是由物體的物理特性而來,而是由兒童對他自己操作物體的實際行動的反思(reflect on his own action)而來。舉例而言,如果一個兒童用各種方法計數小石頭(由左到右數、由右到左數、排成一個圈圈數、由中間開始數),結果發現:計數石頭的順序對於石頭的總數是無關的,數目總是相同的。幼兒所發現的這項知識並非由石頭的物理特性而來,而是從兒童自己(主體)操作小石頭(物體)時,對於其自身所執行的操作行動(計數石頭的各種方式)之內在省思而來的,這就是皮氏所謂的邏輯數學知識。無怪乎皮亞傑言:「……知識的源起非僅存於物體本身,也非僅存於主體本身,而是在於二者間複雜緊密地交互作用。」(Piaget, 1976)。

綜上所述,皮亞傑認為與外在環境互動、具體操作,及內在心靈省思建構在獲取知識的過程中均是十分重要的,對科學教育之意涵則為手動、心動(hands on / minds on)也,二者均不可缺。

皮亞傑之階段論揭示了前運思期幼兒在發展上的限制,無法作邏輯運思,然而如何獲取知識之觀點——與環境互動、具體操作及

建構學習觀對科學教育之啓示則十分重大。事實上，有許多的科學課程即是依據皮亞傑理論而設計的，例如美國科學課程改進研究（Science Curriculum Improvement Study,簡稱 SCIS）的小學科學課程。在學前部分的科學課程，主要有 Kamii 和 Devries（1978）所設計的學前科學課程，Forman 與 Hill（1984）的建構式遊戲課程（Constructive Play）等。基本上，吾人以爲皮亞傑理論對學前科學教育之主要意涵爲：幼兒乃透過對物體的行動，諸如感覺、嚐嚐看、聞聞看、聽聽看、摸摸看、觀察等，以建構其知識（Smith, 1981, 1987; Howe, 1975）。

第二節　佛曼之理論

佛曼（George. E. Forman）是研究皮亞傑理論，並將建構理論實際運用於幼教課程，頗有成就的美國學者。在麻州大學兩年的「建構式遊戲」（Constructive Play）實驗中，設計了許多遊戲情境活動，幫助幼兒建構物理科學知識，因而頗值幼教界參考。

一、發展論

植基於皮亞傑理論，佛曼將一至七歲幼兒的認知發展細分爲六個次階段（Forman & Hill, 1984），對於理解幼兒的智能發展，非常有幫助：

- 絕對不同階段（Level of Absolute Differences）
- 兩極對立階段（Level of Opposition）
- 片斷分立階段（Level of Discrete Degrees）
- 連續變化階段（Level of Variation）
- 功能關係階段（Level of Functions）
- 明確互補階段（Level of Exact Compensation）

　　佛曼發展論之主要立論是：幼兒的能力是層次性地發展，每一個層次是建立在前一個層次之上，在發展的過程中，他逐漸理解物理變化可以是連續性狀態的，慢慢逐漸的改變，而非絕對的有或沒有的兩極狀態，而對於科學教育，變化、變項是很重要的（Forman & Kaden, 1982）。舉例而言，一歲幼兒若見其黏土球被大人揉成香腸形，他會認為他現在有的與其原來有的，是完全不同的東西，大人把他的球「換成」（exchanged）一根香腸，而不是改變形狀而已，這是初始的「絕對不同」階段。第二個階段兩極對立期的幼兒知道物體並未被換過，改變的是物體的形狀，這個物體形狀已從它所有的圓形變成（changed）相反對立狀態的長形，於是他會說：「它是長的不是圓的，把它變回去。」顯然地，這個階段的幼兒把長形想成是圓形的對立，認為任何的改變只有兩極，沒有中間狀態。到了第三階段片斷分立期，幼兒已意識兩端之間有一中間狀態存在，譬如高與不高間有「有一些高」，但是，高、不高、有一些高彼此間卻是分立不相關連的情形，就好像不同的類別、名稱一樣。進入連續變化期的幼兒就能理解在兩極間有無數的中間狀態，成一連續體（continum）。到了功能關係階段的兒童，意識到兩種變化（變項）存在，也開始思考二個變項如何相互影響。譬如：黏土的高度變高了，長度就變短了，高度與長度間具有相反的函數功能關係。而抵明確互補階段幼兒，不僅知道一個變項與另一個變項是彼此相關，而且也理解：一個變項所改變的數量與另一個變項所改變的同等數量，正好可以相抵消或補償。

　　綜上所述，可知根據佛曼之論，幼兒發展的趨勢為（Forman & Hill, 1984）：(1)逐漸領悟一事有二個面向（Two within One），如 8 這個數字可同時意謂較大較小，端視所比較數字之大小而定；(2)逐漸脫離自我中心，以其他角度來看事物；(3)由極端到中間狀態；(4)由靜態中看動態性。

二、學習與教學論

　　佛曼對於皮亞傑的轉換（transformation）理論情有獨鍾——知識之所以發展乃經由學習物體如何移動？如何改變方向與形狀？如何改變對自己本身與對其他事物的關係而來的（Forman & Kuschner, 1983）。兒童在轉換物體的過程中，見物體由靜止狀態 A 變成完全不同的狀態B，有益於其建構AB二者間的關係，是一個很重要的心智活動。例如水由高而長的水杯（狀態A）倒在寬而扁的水盤中（狀態 B），水盤的水和水杯的水等量嗎？水盤的水爲什麼和水杯的水等量？兒童可以將狀態 B 寬水盤的水再倒回狀態 A 高水杯中，思考物體如何改變？分辨實際情形與虛浮外象。總之，對於佛曼而言，兒童是透過改變物體而學習的，此乃其所謂之知識建構論。

　　爲了促進兒童發展，佛曼於麻州大學學前實驗教室設計了許多學習境遇（learning encounters）讓學前幼兒從遊戲、操作、改變物體中而學習（Forman & Hill, 1984），這些學習情境有四類：

◎建立（辨識）同一性與同等性（Establishing Identity and Equivalence）

　　1. 同一：同一件物體，不同狀態　　如：影子遊戲中，湯匙正面投光成一平面，與側面投光成一直線，均爲同一物，祗是狀態不同。

　　　　　同一件物體，不同使用法　　如：裝了水的水桶與反叩而當成爲椅子的水桶，均爲同一物，祗是使用方法不同。

　　2. 同等：不同的物體，同樣狀態　　如：在遊戲場中滑梯旁的老師與模型遊戲場中滑梯旁的小木頭人，爲同樣狀態，但實體不同。

　　　　　不同的物體，同樣使用法　　如：椅子與反叩而坐的水桶，是二件不同的物體，但使用法相同。

◎改變觀點（Changing Perspective）

　　1.**自我對物體觀點**　幼兒必須決定將自己定位於何地以獲某物之觀點，或置物於何處以獲該物之所欲觀點。

　　2.**自我對他人觀點**　如：兩人相背而站，合力抬動一物，有助於感受別人的感覺，發展自我對他人觀點。

◎表徵動作（Representing Motion）

　　1.**凝靜動作**　如：裝沙倒懸的塑膠瓶，在地面黑色紙張上留下其擺動的沙痕路線，瓶子的擺動動作被沙痕所「凝凍」，有助於幼兒了解動作的形式。（圖 2-1）

　　2.**分割動作**　如：線軸從有「顛簸路障」的傾斜（木板）面滾下，線軸持續滾落，但不時跳動，將一個連續的動作分割成部分；而同樣的一個滾落動作，可以被分割成許多不同的形式——改變路障的距離或高度。

　　3.**想像動作**　讓幼兒想像看不見的動作型式。

圖 2-1　凝靜動作（取自 Forman & Hill: Constructive Play）

◎考量變項間之因果關係（Making Functional Relations）

1. **改變方向**　如：由二條繩子所構成的橫向滑輪，當幼兒將右邊的繩子拉向自己時，左邊繩子所懸的桶子，就往另一方向滑動，愈離愈遠。

2. **改變距離**　如：幼兒於擲球時，欲改變球距，則可以改變其所擲的力量。

3. **改變限制**　如：在中空滾筒中裝有一橫軸，上穿有一可移動珠子，學習情境開始時，珠子都在軸上的某一定點，使得滾筒滾動靜止時，滾筒的某一面永遠都在上面；而幼兒可操作珠子在橫軸上的位置（突破、改變限制），以決定滾筒靜止時之方向。（圖 2-2）

圖 2-2　滾筒中的珠子（取自 Forman & Hill: Constructive Play）

　　至於有關實際教學，佛曼提出三個原則：(1)不交換的改變（Change without Exchange）——在不換掉原物品之情況下改變該物品狀態，即讓幼兒實際操作、改變一件東西的某些點或面，而不是

換掉那件東西。例如紅色保齡球瓶太重無法被擊倒，幼兒將球瓶中
所填之沙倒掉一些，而不是另換一個綠色的球瓶。⑵打倒兩極化
（Down with Dichotomies）——教學時儘量不要呈現兩極化狀態，在
呈現事物時最好能有各種狀態、程度，如洋娃娃有最高、次高、次
低、最低等多具，而不只是一高一矮或者是一胖一瘦而已。⑶以好
的原因加以分類（Classify with Good Causation）——讓幼兒在遊戲中
運用邏輯思考，例如在玩蹺蹺板時，幼兒依圓柱體、圓球體、立方
體在蹺蹺板上被推滾動的情形，分類這些幾何物體。

第三節　布魯納之理論

　　美國心理學家布魯納（Jerome Bruner）所倡之「發現學習法」
（Discovery Learning Approach），在教育上，尤其是科學教育，其
影響與貢獻至深且鉅。他著述甚多，基本上其理論與皮亞傑理論頗
為相近，彼此相呼應。晚近，他又引入蘇俄學者維高斯基
（Vygotsky）之「鷹架教學」（Scaffolded Instruction）論，以鷹架支
持（scaffolding）譬喻來描繪教師與幼兒間互動的教學角色，使他成
為後皮亞傑（Post-Piagetian）學派的領導者，引發了學術界對皮亞
傑與維高斯基理論的對談討論。

一、發展論

　　布魯納認為概念理解與表徵（representation）思考有三種方式
（modes），這三種方式代表了三個發展層次（Bruner, 1960, 1966；
Heddens & Speer, 1988）：
◎操作表徵（Enactive Representation）
　　個體學習乃涉及了操作活動與直接經驗，亦即透過直接的操作
行動來理解事物，或表達對事物的看法，此一表徵模式非常適用於

幼兒。

◎視像表徵（Iconic Representation）

　　個體學習乃涉及了視覺媒體的運用，亦即透過平面影像（如：圖片、圖表）來理解事物，或表達對事物的看法。

◎符號表徵（Symbolic Representation）

　　個體學習乃涉及了抽象符號系統的運用，亦即透過語言、文字來理解事物，或表達對事物的看法。

　　有關以上三個表徵層次，舉例而言，若要個體比較小玩具車在不同斜度斜面的速度，在操作層次的幼兒必須透過實際的操作，即真正地將小玩具車放到不同斜面上比較，他方能「知道」，並且他會用肢體動作來表現他的理解，即做出車行速度快慢的動作。而在視像層次的個體，能直接看圖片上影像（圖片上畫有數個斜度不同的斜面與玩具小汽車）就能理解與表徵誰快誰慢。達符號層次者，不必透過具體操作，也無須看圖片，當告知其問題時，即能在心中思考或運算，並能以口語或文字符號表達他的理解。布魯納認知發展表徵系統論主要在說明：概念的發展是始於與環境直接互動，幼兒必先操作具體實物以發展概念，進而提昇至以抽象符號表達概念的層次（周淑惠，民84）。此一論點與皮亞傑認知發展階段論之四個階段相對照，有異曲同工之妙。

二、學習與教學論

　　正因為個體處於不同的認知發展表徵層次，布魯納強調教材結構之呈現形式應配合兒童的表徵模式（Bruner, 1960）。舉如：針對處於操作表徵階段的幼兒，教材的設計就必須讓幼兒能動手實際操作，以理解教材中之主要概念。「課程不僅要反映學習者之本質與獲取知識之過程，而且也要填補教材及教法間的差距。」（Bruner, 1966）。此外，他認為：「學生不是一個被綁於椅條上的傾聽者，

他應該是活躍地涉入學習過程中」（Bruner, 1961）。他倡言：任何時間允許之下，兒童應該給予機會為他們自己發現（discover）概念，容許學習者發現訊息與組織訊息是學習解決問題技巧所必須的（Cliatt & Shaw, 1992）。一個發現是認識到一個觀察與一個想法間的關係，或者是二個想法間的關係，或者是二個觀察間的關係（Karplus & Thier, 1967）。發現學習法在他的倡導之下，遂廣被運用於科學教育，同時為確保發現學習發生作用，也有學者加以調整為「引導式發現學習法」（Guided Discovery Learning Approach）；如在「科學課程改進研究會」（SCIS）中之課程發展者Robert Karplus所介紹的「學習循環」（Learning Cycle）三階段：探索操作、概念引介、發現運用（Carin & Sund,1989），以引導兒童的發現學習。至於布氏提倡發現學習法所提出之四個理由為（Bruner, 1966）：

◎增進智能發展

個人心智發展乃取決於不斷地使用其心智能力，發現學習法能幫助兒童學習如何去求知，它增進可運用於新情境下之探究與解決問題能力，實有助於智能發展。

◎促進內在激勵

當兒童為自己發現答案時，他得到一種內在的自我滿足感，是一種內在的激勵作用，學習活動因之變得有趣、有價值，而不再是為了別人而學習，或為了某種外在的激勵（獎賞、處罰）而學習。

◎獲致發現知識的巧思方法

欲獲得發現知識的技巧、方法是讓個體有機會實際去發現，透過發現學習法，兒童能漸漸學到如何進行探究的方法和巧思（heuristics）。

◎加強記憶保留

當兒童自己發現知識時，他愈可能記住這個發現，如果是被灌輸的知識，他可能很快地就會忘掉，發現學習法實有助於學習者保留所學之記憶。

第四節 後皮亞傑學派等其他心理學者之理論

自皮亞傑之階段論提出後，引起心理學界很大的回響，除支持其論點外，批評的聲浪也來自四面八方，諸如：反對皮亞傑學派（Anti-Piagetian）、新皮亞傑學派（Neo-Piagetian）及後皮亞傑學派（Post-Piagetian）。尤其是後皮亞傑學派之特定領域（domain-specific）觀點及社會建構論對科學教育之意涵頗鉅，故特爲討論。

一、主要立論

基本上，後皮亞傑學派之立論別於皮亞傑學派之論點，依筆者之分析如下：

◎特定領域觀對一般結構觀
（domain-specific vs. general structure）

皮亞傑之發展階段論揭示了每一個體終其一生之智能發展所必須依次經歷的四個階段——感覺動作、前運思、具體運思、及形式運思期，這四個階段各具有不同「質」的思考結構，且這思考結構具有普遍性與廣披性，可適用於各個認知領域，此乃皮氏之結構觀。以學前幼兒階段爲例，因其欠缺邏輯思考結構，因而在任何領域之能力都有所欠缺。而後皮亞傑學派則不苟同於皮氏之階段論，如 Flavell（1982）提出：人類認知發展並非是水平結構，高度同質的階段性似的發展。Resnick 與 Ford（1981）則對於——前運思期甫進入具體運思期幼兒之邏輯運思能保留數目之不變性（具數目持恆能力），而在同時卻無法保留重量之不變性（不具重量持恆能力），所提出的看法是：邏輯結構以外的其他因素，如孩子的個人經驗，顯然地必定發生作用；因爲在幼兒的生活中，注意到數量的

機會比注意到重量的機會還要多，即幼兒之數量經驗多於重量經驗，因而有助於數目保留能力之表現。換言之，後皮亞傑學派採特定領域觀，認為每一個個體之發展在各個特定領域內是非常不同的，學前幼兒在其有豐富經驗之領域中，會顯示精深的推理模式（Inagaki, 1992）。如 Chi 與 Koeske（1983）的研究發現具有專家恐龍知識的兒童，在恐龍這個特定知識領域之認知複雜度高於成人許多，他能依各種不同特徵如食物、行動、防衛功能等將恐龍分類。申言之，人的認知差異祇是專家與生手的精熟程度之分，只要幼兒與成人在某一特定領域內具有相當的經驗與知識，二者間之運思與知識建構並無區別。此外，後皮亞傑學派也強調幼兒具有一些與生俱來的組織結構，可以助其注意並獲致一些與某些領域有關的知識與概念，因而比皮亞傑所認定的幼兒更具有能力。

◎認定幼兒能力對低估幼兒能力

　　正因為皮亞傑持一般結構觀，學前幼兒（前運思期幼兒）在發展階段上是屬於前邏輯期（Piaget & Szeminska, 1952），無法理解與邏輯有關之分類、序列、因果關係等概念，因而在各方面、各領域均是無能的，他確實低估了幼兒的能力，例如：他認為幼兒受邏輯限制無法理解數學，在數學上是無能的（Baroody, 1992）。相對地，後皮亞傑學派積極指出幼兒的認知能力比皮亞傑所認定的還要高，上述恐龍小專家之例即說明幼兒在具有豐富經驗、充足知識的領域內，其表現往往不遜於成人。又如有一些實證研究發現幼兒在熟悉的知識領域內，其類比推理的表現較佳（Genter, 1989; Sternberg & Nigro, 1980；張麗芬，民 82）。

　　有些學者更指出：若研究者之施測內容或方式是對幼兒有意義、可理解的情境，那麼幼兒的表現是超乎皮氏所認定的。例如，Donaldson（1978）指出，皮氏傳統的「娃娃觀山」測驗若代之以有情境意義的「警察與娃娃捉迷藏」測驗，有 90% 的三至五歲幼兒能

遠離我自中心（decenter），設法不讓娃娃被警察看到。Wood（1988）指出：目前有相當多的學者認為皮亞傑所用的研究方法導致其低估或錯認兒童思考的本質（Wood, 1988）。例如 Berzansky（1971）指出皮氏要求幼兒用口語回答離其經驗很遠的自然事件之因果關係，如雲、太陽、月亮之移動，結果當然是超乎幼兒能力所及，而以超凡神奇或魔術等原因來解釋這些現象；若改以具體操作或圖片排列之測試方法，幼兒因果關係思考之表現較佳（Berzansky, 1971; Schmidt & Paris, 1977; Gelman, 1979）。以 Gelman（1979）的實驗為例，她讓三四歲幼兒以排列圖片方式取代口語回答，結果發現幼兒能將一組圖片按因果關係排列出正確順序。又有研究顯示，給予幼兒分類的事物性質會影響幼兒分類能力的表現，若改變施測事物的性質（如：高層概念改為基層概念，集合改為群聚），幼兒的表現較佳（Rosch, Mervis, Gray, Johnson & Boyos-Braem, 1976; Markman & Siebert, 1976; Markman, 1973）。

此外，當前有許多研究亦發現幼兒在很小的時候（五歲以前）就能分類（Watson, Hayes & Vietze, 1979; Case, 1986; Sugarman, 1981），然而皮氏卻認為幼兒在五歲以前根本不會分類，只會聚集一些圖形，如：彼此分離的小線列、集合體、複雜體等（Piaget & Inhelder, 1964）。而且研究亦指出學前幼兒具有邏輯排序能力，比皮亞傑所認定的年齡表現還要早（Brainerd, 1974; Koslowski, 1980）。

皮氏認為前運思期與具體運思期幼童，在思考結構上最大的差異是後者具有逆向思考的能力，這對前運思期幼兒而言是做不到的。舉如在從事分類活動時，一旦整體被分成幾個部分，幼兒就無法來回地思索「部分」與「整體」，同時作兩個相反的心智活動；然而凱斯（Case, 1986）的研究卻證實五歲幼兒即具備此種逆向思考的能力。在一個平衡秤重實驗裡，凱斯設計一個讓幼兒為了要完成第二項測試問題（秤盤的那一邊會「上升」？），必須倒反原本成

功地用於第一項測試問題（秤盤的那邊會「下降」？）的思考模式的測試方法；也就是爲了完成測試，幼兒必須理解二項測試之間的可逆性關係，結果發現五歲幼兒即能呈現這樣的理解。以上種種研究充份顯示，學前幼兒具有相當的能力，不是沒有邏輯、知識的小人兒（柯華葳，民84）。

◎漸進發展觀對突速晉升觀

皮亞傑之階段論顯示六、七歲是個關鍵點，在此關鍵之前的前運思期，先天欠缺邏輯思維，在各領域知識與能力亦然，關鍵之後的具體運思期則突然具有邏輯運思，在「質」上已截然不同於前期。而後皮亞傑學者則持漸進發展論，幼兒是有邏輯思考力的，幼兒的分類、排序、因果關係等邏輯能力是從嬰兒期就逐漸發展、日益精進的。以上述凱斯的平衡秤重實驗爲例：三至九歲幼兒預測天秤的那一邊會下降，始於知覺重量，繼而計數，爾後注意支點距離，最後抵統整考慮重量、數目、支點距離三向度之境界，乃爲逐漸發展之趨勢。有諸多學者對漸進發展論投以回響（Starkey & Gelman, 1982; Resnick, 1983; Pascual-Leone, 1980; Ginsburg, 1989）;以金斯保（Ginsburg, 1989）論及幼兒之序列能力爲例，他認爲在皮氏第一階段之幼兒有些能作到小部分排序，或頂端部分成序列狀（底端參差排列），以及第二階段幼兒雖無法統合考慮、使用系統化比較方法，但他能經由嘗試錯誤方式排出序列，可見幼兒還是有一些基本的序列概念。金斯保把幼兒的這項能力，歸入「非正式算術」（Informal Arithmetic）的重要項目，認爲它是幼兒期最大的成就之一。金氏所要傳達的訊息是幼兒的能力是始於微弱、有限制，繼而漸進發展、日趨成熟的，吾人應看重幼兒所能之事，而非一味地論其無能之處。幼兒的能力也許如同斯塔基與葛爾蔓（Starkey & Gelman, 1982）或金斯保所言是有限制的、脆弱的（fragile），重要的是如何去培養它、轉化它、與提昇它。

◎社會建構論對建構論

　　皮亞傑學派強調知識是個體與外在環境互動所建構而來的，其重點是放在個體對其個人操作行動之省思，例如：當兒童在海邊把玩石頭時，他自己從其操作行動中發現了計數的知識。後皮亞傑學派則認為皮亞傑之建構論將兒童描繪成一個獨立求知的科學家（Haste, 1987），忽略了文化社會層面對知識建構及兒童發展所扮演的角色。Bruner 與 Haste（1987）曾言：理解意義（making sense）是一個社會性過程，它是一個經常嵌於文化與歷史情境中的活動；人們並非僅基於個人在自然狀態中所遭遇之實例而建構知識的，大部分的我們求知與理解世界的方式是透過與他人討論、協商，是經仲介過程而來的（Bruner, 1987）。兒童的經驗若是沒有經文化團體之社會性傳介，就無法在內在認知層次上被理解（Wertsch, 1985），因為知識是社會所定義與決定的。換言之，後皮亞傑學派將知識的獲得與兒童的發展放在整個大的文化社會之情境脈絡中，兒童的知識建構過程通常是受到某些社會性因素（如：價值、信念、觀點）的影響，且兒童在與他人社會性互動時，更能促進其知識建構與智能發展。總之，後皮亞傑學派也承認兒童必須與環境互動而建構知識，然而此一知識之建構是透過成人與兒童一起共同學習的。在社會建構學習論，重點是放在成人與兒童共同工作，在建構論，重點是放在兒童與環境互動，為他自己活躍地建構知識（Fleer, 1993）。

◎學習先於發展觀對發展先於學習觀

　　皮亞傑之階段論在教育上常被用來討論兒童是否預備好了（readiness），因為兒童的學習必須配合其現階段發展狀況。而前運思期幼兒在先天發展上受到限制，欠缺邏輯運思能力，尚未「ready」，在教育上，尤其是科學教育，似乎很難著力。在皮氏觀念中，邏輯運思能力是階段發展下的成果，發展總是學習之先決必要條件。而

後皮亞傑學派則認為學習與教學應先於發展，主要是受到俄國心理學家 Vygotsky「近側發展區」理論的影響。所謂近側發展區（Zone of Proximal Development--ZPD）是指「實際發展層次」（取決於個體所展現之獨立解決問題能力）與「潛在發展層次」（取決於成人引導或與較能幹同儕合作所展現之解決問題能力）二者間之差距（Wertsch, 1985）。在近側發展區段中的能力，可以說是尚未成熟，現在仍在胚胎狀態，但卻是在成熟的過程之中，在明日即會成熟。在這樣論點之下，教學不僅在符合兒童目前現有的發展層次，而且也在創造兒童的近側發展區，提昇其認知發展層次。教學唯有在發展之前，喚醒並激發生命中正在成熟中的功能，才是好的（Vygotsky, 1978）。教師角色則變得十分積極，教師不能消極地等待兒童進入完備狀態才施教，教學必先於發展，因此，「鷹架教學」觀被後皮亞傑學派所提出（Wood, Bruner, & Ross, 1976; Wood, 1989; Bruner & Haste, 1987; Fleer, 1993）。在此一鷹架譬喻中，兒童被視為正在建築中的建築物，社會環境是所需要的鷹架（scaffold）或支持系統，容許幼兒發展並繼續建造新的能力；Scaffolding 一詞乃為教學的重要成份，是師生間的互動方式（Berk & Winsler, 1995）。簡言之，在成人與兒童的互動中，由成人運用各種策略為兒童搭構鷹架，以幫助兒童建造其能力。此外，Rogoff（1990）以及 Lave 與 Wenger（1991）等學者則提出「學徒制」（Apprenticeship）教學方式的譬喻，以師徒關係說明教學的情境與教師的角色。基本上，學徒制的主張是教師在教學中視學生的進步而逐漸放手，減低其主導角色，其所用的六個教學方法有：示範（modelling）、教導（coaching）、搭構鷹架（scaffolding）、說明（articulation）、反思（reflection）、與探索（exploration）（Bliss, 1995）。

二、教學觀點

後皮亞傑學派之特定領域觀、漸進發展觀、社會建構論、學習

先於發展論、以及肯定幼兒的能力確實有別於皮亞傑學派。至於有關科學教育實務方面，Inagaki 之教學建議與 Fleer 之「幼兒科學教育鷹架論」頗值吾人參考。二者之貢獻則在於前者提出原則性之建議，後者則提出具體而微之鷹架教學原則。Inagaki（1992）對於幼兒科學教育之建議有三：

◎ **以幼兒天生易學、易理解之領域為始，儘早實施科學教育**

　　幼兒具有一些先天的組織結構，如在生物或人體部分之與生俱來的認知結構，可以促其學習，有效地獲得知識，因為幼兒可以用自己的例子加以推論印證；吾人應以這些易學易理解領域為出發點，透過建構性活動，儘早實施科學教育。

◎ **以幼兒深感興趣之主題為主，加以深入探究**

　　後皮亞傑之認知發展特定領域觀，強調幼兒在具有豐富知識與經驗之領域內，自會有高度的運思而成為專家；因此，他們強調教學應選擇幼兒深感興趣與投入之主題，讓其深入探討，使之成為某些領域的專家。

◎ **強調教師之積極性角色，以促進幼兒學習**

　　後皮亞傑學派的社會建構論強調社會性互動在知識建構中之重要角色，教師應扮演積極角色，例如：佈置合宜之學習情境、共同討論、建立科學教育之重要信念、提供同儕互動、與適時介入等。

　　Fleer（1993）之「幼兒科學教育鷹架論」是基於 Bruner 與 Haste（1987）之鷹架比喻。在這個模式裡，老師的角色是為兒童搭構學習的鷹架，引導其理解科學概念。他力言：雖然基於建構主義的教學模式證明比以前的教學法有效，但是似乎這些模式在促進概念上的改變並非總是成功的，它並未特別說明老師可以如何的促進改變。正因為建構主義有關老師對於兒童知識建構的輸入（input）不被重視，所以對老師在教學與學習過程中的角色應是什麼不是很清楚。此外，Fleer 又言：根據文獻顯示兒童確實握有迷思或替代性科

學概念，身為教師者應在教學前找出兒童的錯誤概念，在教學過程
中幫助學生理解正確的科學概念。Fleer 之鷹架搭構模式如下：

　　於著手搭構鷹架之始，教師必須先決定起始點，考量四個要
素：教學情境、可能的迷思觀、生活用語、以及幼兒的觀點。首先
教師必須提供一個反映出兒童家庭經驗的教學情境，好讓兒童能立
即辨識所待學習知識，並帶入以往的生活經驗。舉例而言，在教
「電」時，使用電路是大部分幼童所未有的經驗，但是，使用手電
筒卻不然。情境化教學經驗可以確保知識與技能的移轉是直接的，
並且是與幼兒經驗有所相關的。

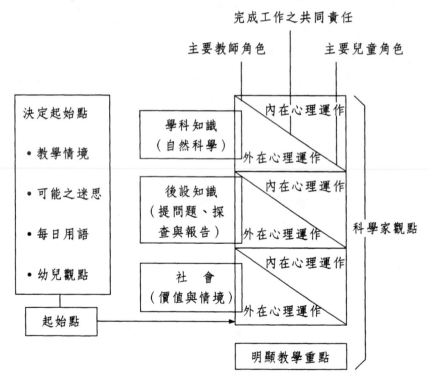

圖 2-3　幼兒科學教育鷹架搭構模式

　　接著，決定幼兒對於所探討現象的觀點，也是重要的。當經驗

是熟悉的，兒童愈可能去表達他的想法。第三點是老師必須知悉較大兒童對於該探討現象所可能擁有的迷思概念，如果老師事先知道兒童在不慎之下所形成的觀點，他就可以採取步驟、計劃科學活動與經驗，確保幼兒當在正式的科學家觀點不是直接可觀察時，不會有自我建構迷思理論的機會。

最後，在準備教授某一特定的科學概念時，教師也必須檢視日常用語與科技用語間可能的差異點，如果老師能事先知道，他可以採取步驟，向兒童清楚地指出可能的混淆點。每日用語容易造成迷思，如果一個老師知道大兒童所持的迷思觀點，他可以小心地組織教材、避免使用這些語詞。在任何時候老師需要確保科技術語被使用，幼兒需要科技術語去指出（命名）他們的經驗。

當起始點已經建立，老師開始活躍地為幼兒的學習搭築鷹架，在圖中顯示有幾層的鷹架是必須搭建的：學科知識、後設知識、與社會價值。學科知識在傳統術語上，它是內容知識。後設知識是指在教授科學單元時，學生所須具有的所有程序技巧與知識，例如：發問、探究與報告的能力。此外，老師在選擇探究內容時應考量特別的社會價值，例如老師可以特意強調性別平等以及鼓勵自然環境的維護。在學科知識、後設知識與社會價值三方面，並非皆須搭構同樣層次的鷹架。當幼兒初次接觸科學教育，後設知識的程序能力如發問、探究、報告，要較多的老師示範，而學科知識可能需要由孩童扮演較大的角色。

搭構鷹架的比喻使老師的角色在教學與學習過程中非常地明顯。以後設知識為例，如果小朋友要得到問話、探究與報告之程序技巧，就需要老師為其搭築鷹架。在「發問階段」，許多的教師示範是必須的，因為幼兒不容易發展他們自己的問題，當老師逐漸釋放多些責任給幼兒，他們就能吸取愈多的這種技巧。在「探索階段」，如果幼兒要對所待探查現象有所了解，就須考量如何促進感受性（sensitization），即讓幼兒從事科學探查時，變得能感受特殊

現象並且已準備好接收訊息／語言，幫助他們理解他們的經驗，也就是在這些重要關鍵，老師需要從事明顯式教學。一旦訊息已經傳授，很重要的是，老師必須接著以團體討論讓兒童分享新得知識，讓幼兒口語化其經驗，團體討論提供修正與鞏固知識的機會；當幼兒未能記得剛學的教材，老師可以提供線索幫助他們記憶或解釋所學習的知識，幼兒分享愈多來愈多的資訊（在團討時），老師則漸漸地退出，給予一些暗示。當在探查階段，有可能有很多重要關鍵點，因此以上的程序須要重複幾次。

後設知識的第三方面是「報告」程序，這也很重要，因為它為幼兒搭架至科學家的世界。在這裡，兒童不僅是反思他們所給的答案，也是反思他們所經歷的整個過程。他們重述他們所做的，與如何經歷探查的過程，並且在老師幫助下以科學方式去表徵他們的想法。就在這個關鍵點，兒童需要被示以知識、教科書、圖表、與模型，並且幫其了解科技字語的重要意義與使用。充份的口頭報告是發展書面報告的前驅，幼兒在書面報告中以畫圖解說方式記載他們做了什麼？以及如何做？在這個關鍵點，兒童從全然外在心理層次的運作移至在內在心理層次的運作，他們了解探查的現象，就好像它原本所呈現於社會中的一樣，他們已經很成功地被搭構鷹架至正式科學家觀點。

總之，Fleer 的幼兒科學教育模式強調：(1)老師的角色是活躍的；(2)兒童須被提昇至先前被認為不可能達到的學習目標。維高斯基的最佳發展區（ZPD）加上 Bruner 的鷹架模式創造了教師與兒童間的重要合夥關係。學習是成人與兒童在幼兒園中共同建構的，就好比兒童在真實世界中（家庭中）一樣；知識是社會所定義與決定的，並且大致上經由大人而傳介給兒童的。對於教師，了解兒童所持的舊有觀點與迷思觀點是不夠的，當老師，我們必須知道做什麼，以提昇幼兒的層次。

第五節　小結

　　基於本章各家理論之闡述，以及綜合筆者於緒論中所論及之幼兒特質與科學意涵，對於幼兒科學教育之啓示如下：

◎教師應設計與幼兒生活經驗有關或具有情境意義的科學活動

　　後皮亞傑的特殊領域觀啓示吾人，若兒童在某一領域有豐富的經驗與知識，其運思與推理並不遜於成人。例如：在農場長大的兒童，自小對動物有許多經驗與了解，他們運用動物知識的能力會比在城市長大的兒童要來得早；同理，若成人鮮少有動物經驗與動物學特殊領域知識，對於一個特殊的科學概念其思考方式會比較像學前幼兒（Gardner, 1991）。研究證實兒童能形成假設或邁向抽象性理解科學概念，是受到一些因素影響，包括問題是如何地被拋？兒童已有的經驗，及已獲得的特殊領域知識（Metz, 1995）。所以，教師應儘量設計與幼兒生活經驗有關的科學活動，讓新知識的學習有參照點，易於移轉、增進學習效果，但幼兒生活經驗具有個別性，在設計活動時，就必須特別予以考慮。其次，若幼兒對某些主題深感興趣，不妨予以深度探討的機會，就某一概念網系的各層次概念深入探究，或是就同一層次概念，供給豐富大量的經驗活動。

◎幼兒科學教育之方法應強調手動（hands on）與心動（minds on）

　　吾人以爲，活動化、遊戲化是幼兒科學教育之不二法門，研究證實以活動爲主的課程，確實有效（Bredderman, 1982; Shymansky, Kyle & Alport, 1982; Janus, 1977; MacBeth, 1974），研究也證實發現學習法的效用（Carin & Sund, 1989）。例如 Shymansky 等人曾研究美

國 ESS、SCIS 與 SAPA 等科學課程與一般背、讀式之科學課程，結果發現以活動為主的科學課程不僅改進相關科學測驗之成績，同時也及於閱讀與數學成績。教師所設計的科學活動不僅要讓幼兒具體操作，而且要讓幼兒心靈活動，思考自我操作行動及操作過程所引起之各種變化關係，手到與心到均十分重要。

◎ 教師應肯定幼兒的能力，為其搭構合宜的鷹架

　　幼兒是天生好奇、好探究者，動機與興趣是學習之敲門磚，吾人應抓住其好奇與探究之心，及早施以科學教育。且研究證實幼兒具有相當的能力，包括邏輯思考、科學探究能力。但幼兒的能力始於微弱、有限制，繼而漸進發展、日趨成熟，正因為其能力脆弱、不穩定、仍在發展中，身為教師之重要工作是去培養、轉化與提昇幼兒的能力層次，而非一味地強調其無能，坐等其發展完備方予施教。如果如此，那麼教師的作用何在？其次幼兒建構知識固然重要，但容許教師在幼兒建構過程中，予以適切的引導與協助，對具有微弱能力的幼兒是絕對必要的，以免建構迷思或錯誤概念。但教師所搭構的鷹架是要有足夠的空間，足以讓我們的小小科學家繼續好奇、探究，在鷹架支持下建構與發現知識，並在鷹架範圍內發芽成長；而非有如模板擠壓、固定成型般，完全地灌輸與填鴨，流於枯燥與乏味，扼殺了科學小幼苗。綜言之，援用幼兒的好奇心與肯定幼兒的能力，並作適度的引導與協助是幼兒教師之主要職責。至於如何引導與搭構鷹架，將於第三章第二節「幼兒自然科學教育之方法」中討論。

◎ 幼兒科學教育應是科學知識、科學方法與科學態度並重

　　科學具多面性，它是由內容、程序與態度之混合。科學知識是瞭解自然現象、改善人類生活所必要的，而科學知識是科學家運用科學方法（觀察、分析、推論、預測、實驗等），並抱持科學態度

（好奇、謙卑、懷疑、客觀、開放心靈）所發現與獲取的。若無科學方法與態度，科學知識無從產生。幼兒科學教育之內容除了要幼兒科學知識外，同樣重要的是獲取知識的方法與態度，即所謂的給幼兒魚吃，也要教其釣魚的方法與培養幼兒喜歡釣魚的興趣。

　　綜上所述，吾人歸結幼兒科學教育的方法應以手動、心動為主，而教師之角色有如鷹架般的支持與引導，整體而言，有些類似「引導式發現學習法」（Guided Discovery Approach），但教師的角色更為積極。Carin與Sund（1989）所言甚是：就發現學習而言，愈是年幼的兒童愈須呈現知識與引導他們，而結合某些低主導性角色之「自由發現法」與某些高主導性角色之「講述法」，並介於二者之間的教學法，即為引導式發現學習法。它絕不是放任兒童為所欲為就會導致學習的教學方法，身為教師者必須有足夠的結構性措施，確保學生運用心智去發現科學概念與原則，而且也要有大的目標在心理指引，並設計活動引導學生朝向這些目標。幼兒在手動、心動，使用科學程序方法的發現學習活動中，同時也能滿足其好奇心並獲致科學概念，所以引導式發現學習法不僅強調「如何」尋找答案，同時也強調學到「什麼」（Harlan, 1988），實頗為符合筆者所揭示之幼兒科學教育要旨。

　　值得注意的是，吾人雖然提倡以手動、心動為精神的引導式發現學習法，但並不是全盤否定其他教學方法。首先，任何的方法在某些時候、對某些學生、對不同的幼兒園皆有其用處。以幼兒為例，吾人曾提及幼兒是一個完整個體，身為一個個體就有其個別差異性，其個人經驗截然不同，並非所有的幼兒均適用唯一的一種放諸四海皆準的方法。Bredekamp與Rosegrant（1995）有鑑於幼兒教育教學行為之複雜性，建議將教學行為從極端的教師主導至非主導作連續性劃分，形成各種角色型態：指導、示範、共同建構、搭構鷹架、支持、促進、身教、贊同。她們強調任何一個教師角色型態

在某些時候均是合宜的，如果完全依賴某一單一教學策略，其結果
將是無效的。兒童的確需要機會去探索，特別是透過遊戲，同時他
們也需要成人的支持以發展更高層次的能力。

表 2-1　教學行為連續形態

〈非主導性〉	贊　　同	給予注意與正向鼓勵，使幼兒專注於一項活動。
	身　　教	透過行動或暗示其他教導法，為幼兒展示一項技能或在教室中合宜的行為方式。
｜仲介｜	促　　進	提供短期協助以幫助幼兒達成下一階段的運思（就好比一個成人為幼兒學騎腳踏車時，在後扶住車子）。
	支　　持	供給一種固定方式的協助，好比腳踏車的輔助輪一樣，幫助幼兒達成下一階段的運思。
	搭構鷹架	給予挑戰或幫助幼兒運用現有能力「極致」而工作。
	共同建構	與幼兒共同學習或解決某一問題或工作，如共同搭積木。
〈主導性〉	示　　範	活躍地展示一項行為或從事一項活動，而幼兒則在旁觀察教師的展示活動。
	指　　導	在限定錯誤下，為幼兒行為提供特定的指示。

其次，誠如 Ausubell（引自 Carin & Sund, 1989）所言，接收性
學習有時亦有其必要性，接收性學習是高等學習的基礎，若無接收
性學習，就無從產生發現或探究學習。Ginsburg（1981）也指出：

「教育的目的之一是促進接收性學習，有時學生也須接受一些背誦記憶式學習，皮亞傑的理論並未對接收式學習提供合理的解釋。如果老師的教學講論能促進兒童重新發現，那麼老師的『教學講述』（instruction）和『重新發現』（reinvention）是有同等價值的。」總之，以引導式發現學習法為取向，並依不同情境因素，彈性運用各種教學法，是幼兒科學教育之主要原則。尤其是在當前，我們的幼兒科學教育似乎還是偏向以教師為主導的灌輸式教學，因而更有必要多朝向引導式發現學習法。

第三章　幼兒自然科學教育之實施

　　筆者在第一章揭示了科學三要素——知識、方法、與態度，以及幼兒特質——探索者、思考者、與完整個體所組合而成的小小科學家；如何讓我們的小小科學家繼續好奇、探究、發現知識，並達全人發展境界，是課程與教學上足以省思的問題。筆者繼而在第二章中歸納當代科學教育理論，指出教學應以強調手動、心動的「引導式發現學習法」為取向，而彈性運用其他教學法；教師角色則應是為幼兒搭構學習鷹架的「引導者」，確保幼兒於學習過程中能有效運用心智；教材則考量生活化、經驗化與情境化。綜而言之，幼兒科學教育不僅應強調「如何學」，同時也著重「學什麼」，本章僅就幼兒科學教育的目標、幼兒科學教育的方法、幼兒科學教育的內容，分別陳述之，以利幼兒科學教育實務之實施。

第一節　幼兒自然科學教育之目標

　　幼兒自然科學教育的目標應包括科學知識的獲取、科學方法的培養、與科學態度的薰陶，因為「科學」之意涵乃多面向，它包括科學成果（知識）、科學過程（方法）、與科學態度。科學知識是人類運用科學方法與秉持科學態度所發現的，知識、獲取知識的方法、以及獲取知識的態度均同等重要。六十年代以前科學教育偏重科學成果的傳授，學習方法以記憶背誦為主，近年來的趨勢則轉為強調科學過程，有許多的科學課程均提出觀察、推論、實驗、溝通等探究方法或是發現學習、具體操作的口號。諸如：美國的 ESS —

小學自然科學研究（Elementary Science Study）、SAPA－科學程序取向研究（Science － A Process Approach）、與 SCIS－科學課程改進研究（Science Curriculum Improvement Study）。這些課程的共同特色是強調經驗化、活動化、探究式的學習方法，著重學童科學能力的培養，有別於傳統灌輸、記憶式的學習法，我國近一、二十年來的國小自然課程，即深受其影響。吾人以為成果與過程不應被視為二極對立狀態，幼兒應在遊戲中，一面探索，培養科學探究能力、正向科學態度、及對大自然的情操，一面從中獲得概念與知識。也許由於以往的教學實務偏重知識的傳授，較為忽略情意面與探究面，因而許多學者與課程特別呼籲這二方面的培養，其實無論是認知（科學知識與概念）、情意（喜歡大自然與喜歡探究，以及具正向科學探究態度）、技能（科學探究程序能力）都非常地重要，均應列為幼兒自然科學教育的主要目標，茲分述於下。

一、認知目標

　　幼兒自然科學教育之認知目標乃指獲致科學概念或知識，但並非意指施予密集的課程，而是去開啟知識的大門，種下知識的種子以供未來成長（Levenson, 198）。就此而言，教師對於每一個概念主題應提供各式各樣有趣的學習經驗，讓幼兒親身探究，從各個面向來理解該概念，為日後的小學較為結構式學習，奠下深厚基礎。舉例而言，在認識植物的葉子主題中，幼兒赴林中撿拾落葉，拓印葉脈、葉緣，用鋼刷刷除葉肉以觀察葉脈，分類各種葉片（如：有抑無絨毛？平行抑網狀脈？），以葉片作樂器，以葉片作造形或編織，以葉片包東西烹飪，以不同葉子當錢幣玩買賣遊戲等。而在主題探索過程中教師以各種問題引導幼兒思考、探究，並告以正確的名詞，如「葉脈」、「平行脈」、「網狀脈」等，及作適當的解說，這些豐富、多元的經驗深入幼兒之心，使日後的學習有絕佳的舊經驗為之參照，易於理解。

近年來有許多的研究指出：兒童在還未接受正式教育前，已從其日常生活經驗與所聞之每日用語中發展出一些科學概念，而這些概念往往異於正式的科學概念，被稱之為天真理論（naive theory）、另有觀點（alternative view）、錯誤概念（miscconception）等。舉例而言，當我們看到店門口掛著「動物不准入店」的牌子，我們自然地解釋為「寵物」不准入店，因為在每日用語裡人們不是動物，所以可以入店購物，致使幼兒認為人類不是動物，形成錯誤概念。此外，成人們的錯誤引導，或坊間圖畫故事書對自然現象的擬人化描述，都可能是造成幼兒錯誤概念的原因。

兒童所持之另有觀點是新學習的參照點，因為所有的學習均是設法與個人已知點相連結以尋求意義，這些另有觀點常是強固、持久、難以改變的。吾人以為此一現象對於幼兒教師之啟示為：正視與了解幼兒之錯誤觀點，以引導幼兒知曉正確的用語及理解其所代表的現象。Resnick（1983）認為，如果正確的科學理論早些讓兒童接觸，則兒童的天真理論不會如此強固持久；而且為了發展對概念的理解，教學時花長久時間解說與舉許多不同例子，是很自然明顯的事。Fleer（1991）也提出：當在計劃科學經驗（活動）時，很重要的一件事是：教師首須知曉兒童所可能持有的替代觀點，繼而應引導兒童理解科學家的正確觀點。Kuhn, Amsel 與 O'Loughlin（1988）更言：科學教育者應與這些錯誤的概念接觸並努力去改變它，而不只是虛浮地告知以正確的新觀念。綜上所述，幼兒教師在幼兒獲取正確科學知識的過程中，不但應提供幼兒豐富、多樣化的經驗，讓幼兒充分探索與建構，而且應將幼兒經驗作一統整，助其建構正確的科學知識，以防另有觀點之形成，其引導與搭構鷹架的角色是十分重要的。

二、技能目標

幼兒自然科學教育之技能目標乃指獲致探究科學知識的方法與

技巧。教導幼兒科學知識固然重要，教導其求知的方式也同等重要，尤其是在今日知識爆炸時代，科學知識日益精進變化，讓幼兒擁有求知的能力可能更形重要。在以往我們的教學實務偏重給魚吃，不斷地灌輸，對於獲得科學知識的探究方法可能連教師們均十分欠缺，身為教師者不知如何求知探究，又如何能引導幼兒求知探究？因而獲致求知探究方法不僅是幼兒科學教育所須著重的目標，同時也是現階段教師所必須強化的能力。

　　所謂科學探究的方法或技能又稱之為程序能力（process skill），學者對於適於幼兒的科學程序能力所指不一。例如 McNairy（1985，引自 Althouse, 1988）認為在美國科學促進會所認定的十一項科學程序能力中，較為適合幼兒的有六項：觀察、分類、測量、計算、實驗、預測；而美國科學促進會所設計的 SAPA 課程（Science-A Process Approach）指出幼稚園至小學三年級階段之程序能力應包含八項：觀察、分類、推論、預測、使用數字、溝通、測量、使用時空關係；Althouse（1988）則提出十項：觀察、分類、比較、溝通、下結論、預測、使用數字、測量、使用時空關係、推論；Cliatt 與 Shaw（1992）提出九項：觀察、測量、使用數字、溝通、排序、分類、預測、推論、使用時空關係；Eliason 與 Jenkins（1994）提出八項：觀察、比較、分類、溝通、測量、推論、預測、記錄（見表 3-1）。

　　根據以上各家所指，筆者將適於幼兒的科學程序能力歸納為四大項：觀察、推論、預測、溝通，此四大項程序能力或多或少均涉及表中各家所提及之其他各項能力。幼兒科學教育之重要目標之一，即在培養幼兒觀察、推論、預測、溝通等科學探究的方法。

◎觀察

　　運用五覺去獲取第一手資料即為觀察，觀察又可分為質的觀察與量的觀察。質的觀察是著重於事物的特性與品質，如形狀、質地

表 3-1　幼兒科學程序能力表

學者 程序能力	McNairy	Althouse	Cliatt & Shaw	Eliason & Jenkins	SAPA
觀　　　察	✔	✔	✔	✔	✔
分　　　類	✔	✔	✔	✔	✔
比　　　較		✔		✔	
溝　　　通		✔	✔	✔	✔
下　結　論		✔			
使　用　數　字	✔	✔	✔		✔
測　　　量	✔	✔	✔	✔	
使用時空關係		✔	✔		✔
推　　　論		✔	✔	✔	✔
預　　　測	✔	✔		✔	✔
實　　　驗	✔				
排　　　序			✔		
記　　　錄				✔	

、氣味等，在觀察過程之中與其後，它可能涉及事物的比較、分類、排序、使用時空關係等其他程序能力；量的觀察則是著重於事物的數量面，它則涉及測量、數字的運用、比較、使用時空關係等其他程序能力，因而吾人以觀察一大項涵蓋之。

◎推論

　　對所觀察的事項推想其原因（爲什麼會這樣？）、提出合理的解釋、或下結論即爲推論，它涉及思考、推理。

◎預測／實驗

　　根據所觀察現象或過去經驗預思未來可能狀態，謂之預測，若能以行動、操作或其他方式驗證預測是否正確，則爲實驗。在實驗的過程中亦可能涉及操作、比較、分類、測量、使用數字、時空關係等其他程序能力。對幼兒而言，實驗可以是簡單的操作活動，以驗証其想法是否正確，而不涉及複雜的形成假設、控制變項等正式科學程序能力。

◎溝通

　　在科學探究的過程之中或其後，以各種方式如：肢體、語言、圖畫、創作、文字等表達或紀錄對科學概念的理解或探究的心得，謂之溝通。

　　培養科學程序能力－科學探究的方法，既爲幼兒科學教育之主要目標，幼兒教師在提供幼兒學習經驗時，就必須讓幼兒觀察、推論、預測／實驗、溝通，實際運用科學探究能力。

三、情意目標

　　情意目標主要是指培養幼兒的科學態度與情操，包括好奇、會發問與喜歡探究之心，對自然環境與科學的愛護心，欣賞自然科學的益處，以及客觀、審慎、堅毅實現等的正向科學探索態度。吾人以爲給幼兒魚吃，並教其釣魚之法，同時也要培養他對釣魚的喜好與堅毅實現的精神，否則永遠釣不了魚，也吃不了魚。幼兒本就具有豐富的情意與好奇之心，如何保持不使之消失殆盡，並進而適當運用使成爲探究與愛護自然之動力，乃爲幼兒教師之深責大任。一個有關「毛蟲變蝴蝶」的主題，教師可以鼓勵幼兒稍爲停頓一下去思考整個蛻變過程，去發展對於蛻變的感受——卑微渺小的毛蟲變爲燦艷大翅的蝴蝶，幼兒將會讚嘆大自然的神妙。再如柔弱可愛的

小狗爭著吸吮母奶的嬌態，濃密的白雲像綿羊般悠然行走於天空，春日滿園紅紫變爲夏日的濃綠密蔭，方播種的菜籽不消二三日即破殼抽芽，最後成爲好吃的青菜，黃色與紅色混合之後巧變爲橘黃色……大自然中總有許多的事物讓幼兒深深感動與驚艷。幼兒一旦有所感，就會激發其觀察探究之心；一旦有審慎、堅毅的態度，必會鍥而不捨、深入探研，深入探研之後，更會有所感與油然而生情意及愛護之心，此乃爲科學思考之起源，也爲敬畏自然、愛護自然之基礎（岡田正章，1992）。尤其在當前環保、污染問題當道的重要世代，如何培育國民具有愛護自然的情操與對科學探索的正向態度乃刻不容緩之務。總之，幼兒科學教育應注重與引導幼兒對大自然事物的情感反應、體會大自然與人類的關係，進而產生喜歡探索、欣賞與愛護自然之心，以及能執著於探索的正向態度。

　　綜上所述，幼兒自然科學教育的目標乃認知、情意、技能並重，科學知識、科學探究方法、與科學態度兼籌並顧。吾人以爲在今日幼兒園普遍著重認知目標之現況下，可能更須著重於科學探究能力及科學態度之培育，唯有如此方能實現培養完整幼兒之總目標。再且，幼兒教師不能忘卻幼兒教育之終極目標在培養完整幼兒，在促進幼兒全人均衡的發展；身爲教師者，應以培養完整幼兒爲職志，深思如何將幼兒科學教育與其他領域統整發展，於課程與教學中實施。

第二節　幼兒自然科學教育之方法

　　幼兒自然科學教育之目標既爲科學知識、科學方法、與科學態度並重，而幼兒自然科學教育之要旨既爲以手動、心動爲精髓的引導式發現學習法，本節則據此提出幼兒自然科學教育之六項具體而微之實施方法與策略：(1)提供直接經驗；(2)善用隨機經驗；(3)豐富

學習環境；(4)培養程序能力；(5)引導幼兒探索；(6)設計統整活動，
茲將細部實施方式敘述如下。

一、提供直接經驗

幼兒天生好奇，喜歡運用各項感官去探索周遭世界以探求究竟
或尋求解答，因而幼兒科學教育最重要的方法是供給大量直接經
驗，以援用其好奇之心，親身體驗發掘答案，例如直接去觀察、去
摸、去做、去挖、去混合、去拆卸等。換言之，欲了解大自然與科
學內涵，絕對不能隔靴搔癢，完全依賴紙筆作業與講授灌輸；試
想：若無陶冶於大自然氣象中，如何能真正窺知大自然之奧妙？若
無親身體驗各類科技產品，如何能徹底領悟科技之神奇？若無具體
操作自然實物，又如何能清楚認識基本之物理現象？提供幼兒直接
經驗乃意指直接涉入與操作，又包含**教學實地化**與**活動化**。所謂教
學實地化，乃指教學應儘量於自然現象所發生的現場實地進行，讓
幼兒在真實與自然的環境中徜徉、**觀察**、與探索，即所謂的戶外教
學，它不僅包括一些森林遊樂區，亦可包括下列場所：

- 大自然中有山水之處，如溪流、水塘、山邊、海邊等。
- 農場、牧場、果園、種苗場、養雞場、馬場、稻田、漁塭
  等。
- 動物園、植物園、公園等。
- 寵物店、鳥店、魚店、花店、生鮮超市、麵包店等。
- 修車廠、廢車場、工廠、生產作業線等。
- 街道附近情景，如上下貨、修理馬路水管、建築房舍等情
  景。
- 園內戶外遊戲場。

進行校外教學之前，教師應與幼兒進行有關之行前討論，讓幼
兒的校外之旅有興奮的期盼感，並有觀察的焦點。校外教學進行

中，教師可提供放大鏡，讓幼兒仔細觀察，此外，亦可將重要景象
照像或錄影，以供回園後作爲幼兒回想、討論之依據與補充。當
然，整個校外之旅過程，首要注意的是安全，園方或教師可請家長
支援、陪伴同行，讓校外之旅充滿知性、感性與歡樂。如果無法進
行校外教學實地觀察，權宜之計是教師個人先行前往觀察並錄影，
然後讓幼兒觀看影片，或運用坊間現成的錄影帶或半具體的圖片；
另外一種方式是邀請家長或園外相關人士來園爲幼兒解說，如：漁
夫、農場主人、工程師等。總之，實地親身經驗是最直接的教學材
料，也是最好的教學方式。

　　另外一項直接經驗是教師依據幼兒的生活經驗刻意計劃的科學
活動，這些活動讓幼兒能具體操作並運用相關的科學程序能力——
觀察、推論、分類、比較、實驗、下結論等，例如：磁鐵吸力、水
的浮沉、種籽發芽活動等，均能讓幼兒手動、心動。吾人以爲教師
在進行這些活動時，適當的講述是必須的，但完全依賴口述或示範
而無幼兒參與的成分是錯誤的；至於如何引導幼兒運用科學程序能
力與實際探索則另項陳述之。重要的是，教師所設計的科學活動要
與幼兒的每日經驗有關，成爲延伸幼兒經驗的活動，這樣的學習—
—生活化、具體化對幼兒而言，方有意義。而且這些所設計的活動
要儘量多樣化，給幼兒大量豐富的經驗，讓幼兒從不同的面向知
覺、建構該概念，幼兒累積豐富的經驗後，自然有助於概念的理
解。

二、善用隨機經驗

　　科學應是幼兒每日經驗的一部分，它到處皆是（Ziemer, 1987,
引自 Eliason & Jenkins, 1994）。教師除了從幼兒每日經驗中選擇、
計劃科學活動外，同時也必須善用隨機經驗，因爲在園內每天所發
生的隨機經驗對幼兒而言，是最自然、最有意義、最具體、最容易
了解、也是最不容易忘懷的經驗；但這些偶發事件若是未加任何

「引導」，也只是過眼雲煙而已，雲消霧散、不會產生任何的學習效果。誠如 Maxim（1989）所言：「隨機接觸無所關聯的事件而無教師任何的引導是不夠的，教師應引導兒童去發現現象之所以發生必有其緣由。」例如：當在戶外遊戲時，在草地上發現一隻跌落的稀毛小鳥（甫出生），在大樹下發現一群搬動死蒼蠅的螞蟻，或上課時突然飛進一隻斷腿的螳螂,或觀看影片時突然跳電、漆黑一片，或早上地面的水窪到中午不見了，以上這些生活中偶發事件均會引起幼兒極大的好奇與興趣；教師可以適時抓住機會，運用一些問題讓幼兒推理、思考或安排一些活動，與幼兒的舊經驗聯結並引導幼兒進一步探索與發現，這樣的學習富有情境意義、易於理解，也是幼兒所感興趣的。

　　具體的實例如下：當一大群幼兒在遊戲場玩，老師發現有三、四個小朋友蹲在地上議論紛紛，於是走了過去，原來他們正在觀看一群忙碌的螞蟻搬運食物。威明說：「你們看這個洞，這就是螞蟻住的地方。」、芳真說：「他們住在地下嗎？」、君育說：「對啊！他們把食物搬到那個洞裡啊！」。有小朋友說：「老師！螞蟻真的住在地下嗎？」老師見幼兒的好奇心已經萌起，遂建議幼兒仔細觀察螞蟻的動態，看看威明所說的是否正確。然後老師從另一處挖了一些土和螞蟻，放在一個透明的容器裡，外面包著黑色的厚紙，讓螞蟻錯以為是黑暗的地下，於是開始挖地道，並請幼兒猜想打開黑紙後，會是怎麼樣的情況？最後取開黑紙，大家對眼前所呈現的螞蟻地道與地下世界十分興奮，疑惑頓解。幼兒們又有新的問題——「他們吃什麼？」、「他們可以喝水嗎？」等，老師回答：「我也不知道螞蟻喝不喝水？有人說，螞蟻最怕水了，不知道是不是這樣？你們可以試試看螞蟻喝不喝水啊！」於是這個方案進行了很久，幼兒們的興致與熱忱非常高昂，不斷地餵以不同的食物，倒入不同量的水，並且不斷地有新問題產生。

　　上述螞蟻的例子充份顯示教師引導的重要性，若無教師的引

導，學習止於戶外遊戲場教師告以：「對！螞蟻住在地下」的那一刻。知識是由教師傳輸的，沒有個人建構、發現的興奮感，也無後續的探索活動。此外，在幼兒的隨機探索中，教師對於幼兒的好奇心須傳達正面的態度，例如，當幼兒在園中發現一條彩色的毛蟲，興奮地獻於教師，老師若流露嫌棄憎惡神情，並大叫：「把毛蟲丟掉（或踩死）！去洗手，髒死了！」，不但無進一步探索的機會也會影響幼兒探索的心情，認為毛蟲是可怕的。而彩色的毛蟲卻是活生生的教材，若連原附著的枝葉一起放入昆蟲箱，可供幼兒探索好一陣子，其學習效果是任何的口述講解所無法比擬的。當然，幼兒在探索過程中，教師可提示幼兒愛護小動物之心，並且在探索後立即將毛蟲送回其原生長之處。

三、豐富學習環境

　　與供給大量直接經驗極為相關的是創造一個豐富刺激的學習環境，激發幼兒的操作與探索之心，簡言之，即抓住幼兒的好奇心、用心安排環境也。校外之旅並非天天可行，園內環境則幼兒日日處於其中，豐富園內環境以補足實地教學之不足並促進所設計科學活動之進行，實有其必要性。

　　首先就室內環境而言，可以建立科學角，或科學學習區、科學興趣中心、科學探索區；另外還有植物觀察區（圖3-1）、動物觀察區（圖3-2），這二區可以與科學角合併，或散於室內各合宜之處。例如植物可以集中在窗台靠陽光處，水族箱可以作為隔屏之用，寵物箱可以放置門邊通風處或靠水源處、或置於走廊或戶外遊戲區以方便排泄物通風與清洗，至於水箱或沙箱可以置於室內、走廊或戶外。幼兒是一個完整個體，既為個體，就有其差異，因之幼兒教學活動型態應彈性運用團體、分組、與個別學習活動，科學區之設立則能考量幼兒之個別差異性、滿足個別學習的需求。而且，幼兒活動室內若設有各個學習區域，如：科學區、圖書區、益智區、娃娃

區等，則能提供優良的統整學習機會。

圖3-1　科學角中的植物觀察區

圖3-2　科學角中的動物觀察區

　　科學角可以備一小型的「興趣桌」或「探索桌」，將與教學主
題有關的各種實物或教材陳列於此，上覆以桌巾，在主題開始時可
以作為引起動機之用，吸引幼兒前去探索，以凸顯主題。如在「動
物的家」主題時，興趣桌上可以放置鳥巢、蜂窩、寄居蟹與其貝殼
等，在「機器的妙用」主題時，則可以陳列開罐器（齒輪旋轉

型）、壞了的發條玩具、輪軸等。至於進行科學活動所必須的一些基本材料，如放大鏡（供觀察用）、天平（供比較用）、尺（供測量、比較用）、鏡子（供反射、折射或從不同角度觀察事物用）滴管、地球儀、溫度計等則必須常備於科學角之陳列櫃架上，讓幼兒能自行取用。當然，教師自製的科學教具或教材亦爲此區陳列之主要內容之一。

通常一個幼兒活動室空間有限，可能需要將植物與動物觀察區合置於科學角內。一般的作法是利用靠窗教材櫃架的上層（如爲防水，可鋪以塑膠布或大托盤），上置各類型植物培養皿或盆栽（圖3-3, 3-4）──塊莖發芽植物（如馬鈴薯）、走莖發芽植物（如草莓、吊蘭）、種子發芽植物（如綠豆芽）、葉片發芽植物（如非洲菫）、以球根繁殖植物（如百合、鬱金香）、插水即活的萬年青、或水耕蔬菜等，以供幼兒觀察、比較，當然最好是讓幼兒自己栽種與照顧。至於動物觀察區內可包括水族箱、昆蟲箱、鳥籠、寵物箱等，幼兒可親手飼養蝌蚪、毛蟲、小巴西龜、寄居蟹、小鬥魚等，或小白兔、小貓等小寵物。

圖 3-3　科學角植物觀察區的培養皿與盆栽

各種動物箱（籠）之擺置方式最好讓幼兒可以從不同面向加以

觀察，儘量少放於牆角，侷限觀察的角度。抓來的昆蟲最好連原棲
息之枝葉一起放入自製的昆蟲箱內，於一、二天觀察完畢應立即送
回原處。讓照顧與觀察動植物成為幼兒每日生活的一部分，一方面
養成責任感與愛護動物之心，一方面可促進對動植物的認識。

圖 3-4　科學角植物觀察區的培養皿

　　至於戶外場地亦可善加規劃，若空間夠大的話可分為遊樂器材
區（可進行有關斜坡、槓桿、速度、影子等的探究）、花草樹叢
區、蔬菜種植區（圖3-5, 3-6）、沙（水）箱區、魚池區。若無空間
的話，也要儘量規劃一塊幼兒可以親自栽種的區域，或權宜運用，
例如利用大百麗龍盒、塑膠盆等填以泥土（圖3-7, 3-8）。種植的作
物則以易收割的夏令蔬菜如空心菜、白菜、番茄、大黃瓜、絲瓜
等。而沙（水）箱，也可用大塑膠盆、鐵盒替代。此外，在戶外遊
戲場，亦可備置大型長條木板、木箱、紙箱、大型積木等以供幼兒
嬉戲、探索。

四、培養程序能力

　　培養科學程序能力是幼兒科學教育的重要目標，也是重要的方
法。通常教師們均習於講述、灌輸、示範，對於如何促進幼兒的科

圖 3-5　園中一角的蔬菜種植區(1)

圖 3-6　**園中一角的蔬菜種植區**(2)

圖 3-7　**運用容器栽種**(1)

圖 3-8　**運用容器栽種**(2)

學程序能力多欠缺經驗，茲就觀察、推論、預測／實驗、溝通等四大類能力分項說明之。

◎觀察

　　觀察是運用我們的感官去獲取事物與事件的訊息，是獲取第一手資料與知識的直接方法，也是最基本的科學程序，更是進一步作推論的基礎。因此，教師應鼓勵幼兒於觀察事物時運用愈多的感覺愈好──看、聽、摸、聞、嚐（即五覺也）。例如當觀察樹葉時，建議小朋友仔細看看樹葉，注意它的顏色、形狀、大小、葉緣與葉脈等特性；請小朋友摸一摸葉片，感覺一下它的葉面（光滑抑粗糙？或有絨毛？）、葉緣（平滑抑有齒狀缺口？）、葉脈（紋路平行走向抑網狀分布？）；或許聞一聞各種葉子的味道；或者用各種方法聽一聽葉子的聲音；有時還可嚐一嚐葉子的味道。

　　當觀察開始進行時，教師以給予觀察的焦點來引導幼兒，而非衹是告知幼兒：「觀察呀！觀察！」然後任幼兒自行進行。觀察的焦點通常是以問題呈現之，例如：「注意看蠶寶寶是怎麼移動身體的？」、「牠有翅膀嗎？有腿嗎？是什麼東西讓牠移動身體的？」、「蚱蜢是怎麼移動身體的？」、「兔子的眼睛看起來怎麼樣？」、「小貓的眼睛看起來怎麼樣？」、「蠶寶寶的身體（皮膚）長得怎麼樣？」甚而教師亦可讓幼兒比較不同，例如：「蚯蚓和蠶寶寶爬行的方式有什麼不一樣？牠們有腿嗎？」、「兔子的眼睛和貓的眼睛有什麼不一樣？」、「兔子移動身體的方式和貓移動身體的方式有什麼不一樣？」、「蠶寶寶的皮膚和蚯蚓的皮膚有什麼不一樣？」。

　　在幼兒觀察時，教師可以供給放大鏡或線圈，幫助幼兒進行觀察。此外，教師應鼓勵幼兒從不同的角度、方位來觀察事物，例如觀察蠶寶寶（蚯蚓、蝸牛……）時，從正面、側面、背面、底部觀察（將蠶寶寶置於玻璃板上，方便幼兒從底部觀看蠶寶寶走路）。

觀察有質的觀察，也有量的觀察。質的觀察著重於物體或現象的特性或品質，如物體的形狀、大小、氣味、質地、顏色、聲音等，在質的觀察過程之中或其後可能涉及分類、排序、比較、或時空關係的運用等，如將石頭按大小排序、將各種不同的葉片分類、比較兔子和貓的眼睛、從不同方位（角度）來觀察、比較昨天和今天有何不同。量的觀察則涉及測量、數字的運用、時空關係運用、比較等，如比較不同植物的發芽高度、比較今天與昨天的數量（Cliatt & Shaw, 1992）。無論是質的觀察或是量的觀察均涉及操作物體，如檢視、比較石頭的紋路、形狀、硬度、顏色、大小、數量，沒有實際的翻動、把玩、觸摸是做不到的。綜而言之，觀察程序或多或少涉及操作、比較、分類、排序、測量、數字運用、使用時空關係等程序，幼兒教師應儘量提供機會讓幼兒運用這些能力。

◎推論

　　根據所觀察現象，提出合理的解釋或下結論就是推論，它涉及思考、推理，與觀察所得之第一手知識有別。例如：當幼兒午休起床後見到窗外樹椏靜止不動（所觀察現象），就說：「外面沒有風。」（提出合理的解釋——推論）又如炎炎夏日，幼兒見到室內自己照顧的植物生長良好，而園中的植物葉乾枯黃（所觀察現象），就推論道：「外面的花沒有澆水，長得不好。」（提出合理的解釋）教師於幼兒進行觀察後，應鼓勵幼兒對所觀察的現象，運用其邏輯思考，推理其形成原因或提出解釋。以觀察蚯蚓為例，教師在觀察階段給予幼兒觀察的焦點後——「蚯蚓是怎麼移動身體的？」、「蚯蚓有翅膀嗎？有腿嗎？」，應繼續引導幼兒思考：「蚯蚓移動身體的方式為什麼是慢慢的蠕動？」，請幼兒試著提出理由與解釋。又如在觀察因生長條件不同（陽光、水份）而致使發芽情形不一的植物時，教師可以請幼兒思考為什麼有的植物是濃綠盎然？有的是黃白纖弱？而有的卻是枯乾若死？

推論很重要，因為它可以將幼兒的科學經驗整合起來或者是作總結，它可幫助兒童超越「發生了什麼事」而抵「這是什麼意思」之境界（Cliatt & Shaw, 1992）。而且，推理可以促進兒童的思考力，為人師者應常引導兒童對於各種自然現象，推想其原因。

◎預測／實驗

預測是對未發生之事預先猜想可能發生的情況，它與推論不同的是：一個是對於目前現象提出形成之因（推論），一個是基於目前現象以及過去經驗，預思未來狀態。例如：幼兒午休醒來發現室內十分黑暗，「推論」是屋外烏雲密佈所致，「預測」不久馬上會傾盆大雨。推論與預測均可透過「實驗」加以驗証其真確性，對幼兒而言，實驗可以是簡單的操作行動以驗證其想法是否正確？而不涉及複雜的形成假設、控制變項等正式科學程序。

科學活動提供幼兒許多預測的機會，如果教師鼓勵幼兒在活動前事先預測會發生什麼事？並容許他們驗證其預測想法是否正確，勢必會激發幼兒的科學探索興趣。舉例而言，在浮與沉活動中，教師供給許多體積、重量均不同的物品，在進行活動前，教師可請幼兒預測那些物品會浮在水面？那些物品會沉下？並實際讓幼兒在水裡操作，以驗證其預想是否正確，相信幼兒一定是興趣盎然、忙於操作。對於幼兒的預測，教師應詢問幼兒為什麼如此預測？有什麼原因支持其想法？以免幼兒未加思索、淪於亂猜，並鼓勵幼兒親手驗證結果。對於結果與預測不符者，教師應針對其困惑之心，善加引導。如：一塊大塑膠積木與一塊小木頭積木，幼兒預測塑膠積木和木頭積木一樣，會沈下去，結果塑膠積木浮上來，針對此情形，教師應引導幼兒思考重量也是一個重要考量因素。總之，容許幼兒操弄物體，並查看物體的反應與自己的預想是否一致，是幼兒科學活動的不二法門。

◎溝通

　　溝通是很重要的程序能力，科學家以口頭及書面報告、圖表、公式來溝通他的研究成果或問題。在進行科學活動時，以及科學活動後，教師應鼓勵幼兒以各種方式溝通其想法。適合幼兒溝通的方式有口頭、肢體律動、文字（塗鴉）、圖畫、圖表、美勞創作等。舉例而言，當教師要幼兒觀察蚯蚓是怎麼走路時，幼兒的表現方式很可能是以肢體表現——趴在地上蠕動身體、站著扭動身體（或手部），用口語表達，或者是畫出蚯蚓蠕動的扭曲路線，任何的方式均是可接受的，也是可鼓勵的。通常較為害羞的幼兒，可能捨口頭、肢體，而就圖畫、或美勞創作（如捏塑黏土），教師絕對不可忽視之。因為幼兒的溝通是一種對概念理解的表徵，他理解了才能具體表現出來，也唯有透過他具體表徵，教師方才知曉幼兒到底理解了沒有。為人師者不僅要鼓勵幼兒溝通，且要仔細觀察幼兒的各種具體表徵，以作為教學與評量的依據。

五、引導幼兒探索

　　發現學習法是教師以周全的發問與傾聽間接地引導幼兒，以及敏銳的領導有關主題的討論（Harlan, 1988），教師的發問技巧成為引導幼兒科學探索的重要效標，換言之，發現學習的品質有相當程度是取決於教師的發問技巧。吾人曾提及在幼兒進行重要的科學程序時如觀察與推論，教師須以問題引導幼兒，讓幼兒有觀察的焦點與推論的依據，發問在幼兒進行科學探索時，確實是非常重要的。

　　一般而言，問題可分為兩種型態：擴散性問題（divergent question）與聚斂性問題（convergent question），二者皆有其特定功用；在幼兒從事科學探索時，教師雖應多拋出擴散性問題，以促進幼兒推理思考，但也要適時巧妙地運用聚斂性問題。

◎擴散性問題

擴散性問題又稱之爲開放性問題，它可以鼓勵人們從一單一起點往不同方向探索與思考，它通常能引發各種不同的答案，而且這些廣泛的答案均是可接受的。依據 Harlan（1988）所言，擴散性問題有許多功用：

1. 啓動發現與探索　一個科學活動如果被一個待答的問題所啓動，就會成爲一項富有挑戰性的發現學習，如「在哪裡可以找到種子？」、「有多少種植物？在哪裡可以找到植物？」、「除人體外，哪些東西可以形成影子？」、「有哪些東西可以被磁鐵吸住？」、「有哪些東西可以反射陽光？」。

2. 促進推理思考　很多的問題可以促進幼兒推理思考，例如：「怎麼樣才能讓你的船載得多而不會沉？」、「怎麼樣才能讓黏土浮在水面？」、「怎麼樣才能讓你的紙飛機飛得遠？」。

3. 詢問理解與否　老師特意提出問題，以測試幼兒理解情形，如：「要怎麼做，天平的那一邊才會下降？」、「爲什麼剛才我在牆上刷的水，現在看不見了？」、「告訴我，什麼是影子？如果我提到影子，你會告訴我什麼？」。

4. 引發預測　在進行科學活動前，教師可以運用問題，讓幼兒根據過去經驗與邏輯思考，預想可能發生現象，例如：「如果我把滑板一端抬高一些，你猜玩具小汽車會怎麼樣？」、「如果我把支點的積木移向書本，你猜書本會怎樣？」、「那一些東西會沉到水裡？」。

5. 重燃興趣　有時候問題可以作爲觸媒劑，重新點燃幼兒對某一問題的興趣。例如：「想想看，你要怎麼改變才能讓你的槓桿起作用（把東西撐起來）？」這樣的問題引發幼兒再次努力發現方法；如果教師直接說：「如果你把小積木（支點）移向書本，就可以用你的尺（槓桿）把書抬起來」，就反而是截止了幼兒的探索發現。

6. 鼓勵創造思考　有些擴散性問題確能引發幼兒的創造思考力，例如：「如果沒有電（水），我們的生活會變得怎麼樣？」、「如果太陽永不下山，人類生活會有什麼改變？」。

7. 詢問感覺（想）　有些問題可以讓幼兒發抒對整個探究過程的感想，例如：「對於剛剛的實驗（觀察），你的感覺怎麼樣？」。

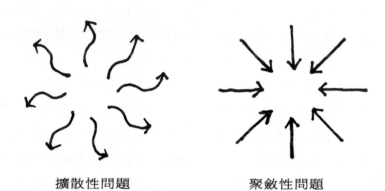

擴散性問題　　　　　　　聚斂性問題

圖 3-9　擴散性問題與聚斂性問題

◎聚斂性問題

　　聚斂性問題又稱之為封閉性問題，它通常只能往一個方向思考，也只有一個標準答案可以接受，然而此類型問題亦有其特定功用。

1. 引導注意力　當幼兒忽略了活動的主要部分時，教師可以使用聚斂性問題將幼兒注意力拉回，如：「你覺得紅杯子的水和綠杯子水一樣多嗎？」幼兒聽了問題後，可以調整、改正而不會覺得被批評。又如當幼兒興奮地製造各種影子時，將注意力放在製造奇形怪狀的各種影子，教師可問：「有沒有發現影子是在物體的那一面？」、「為什麼影子都在這一邊？太陽在那裡？」將其注意力拉回以思考影子是如何產生的。

2. 幫助幼兒統整連貫　在進行活動時，教師可以讓幼兒回憶陸續所發生（進行）的事，以幫助幼兒連貫與統整個活動，或思索先後順序間的因果關係。如：「你先做了什麼事？下一步你做了什麼？結果發生了什麼事？」又：「剛開始時，牠身上有什麼？（尾巴）之後長出什麼？（後腳）再長出什麼（前腳）就變成什麼？（青蛙）」。

3. 幫助幼兒理解事物之全貌　有時候教師可以讓幼兒回憶以前所發生的事，讓幼兒比較前後，以了解事物之全貌。如：「你種下去的是什麼？」、「剛種下去的第二天有多高？」、「今天的豆芽和二天前的豆芽看起來一樣高嗎？」。

　　總之，教師的發問對於幼兒的科學探究是十分重要的，它可以促進幼兒運用各種科學程序能力，如：觀察、推論、實驗、比較、分類、預測、溝通等，同時，它也提供幼兒良好的示範──對任何現象提出疑問，間接培養幼兒好奇、發問的能力。除了發問技巧外，在引導幼兒科學探索時，特別要注意的是教師的說明與解釋要儘量中肯的反映事實，不要作神祕的描述，以免誤導幼兒。例如，當教室飼養的小白兔死了，教師應據實說明死因：「兔子很老了，所以死了，人老了也會死，以後我們看不到它了。如果我們放在這裡，它會發臭，來！我們一起把它埋在外面。」而不是：「兔寶寶到天堂去找兔子王國的朋友了，不要難過，你們要是很乖，兔寶寶就會回來看你們，我要看你們誰最乖！」。

六、設計統整活動

　　幼兒是以一個完整的人、全方位地進行發展的，每一個領域的發展──身體、情緒、社會、認知、語文等都是相互關聯與影響的，缺一不可，因此幼兒的課程設計應是各領域均衡兼顧、統整實施。科學活動的規劃應以一個主題為中心，它可以是一個科學性主

題，也可以是其他領域的主題，教師就該主題概念畫出次概念網並就每一次概念設計不同領域的相關活動。舉例而言，如果主題是「空氣」，教師可以先行分析空氣此一主題概念的知識結構，即相關次概念──「空氣無所不在」、「空氣佔有空間」、「流動的空氣會推動物體」……等，並將次概念網絡繪於紙上；然後在每一次概念之下均衡設計不同領域的科學活動，如：美勞、數學、社會、律動、語文等活動，形成「主題概念網絡活動圖」。當然在次概念下，可能還有更基層的次次概念，教師在設計主題概念網絡時，亦可包含進去作更深入的探討。如果主題是其他領域概念，不是科學領域，其次概念或多或少有些會涉及科學面向，然後再據以設計各領域活動。例如「超級市場」主題之次概念──「商品的陳列」、「商品的來源供應」、「商品的輸送」、「顧客服務」、「收銀作業」等，其中的陳列、來源供應、輸送均涉及科學概念。

主題概念網絡活動圖繪出後，上面顯示一個主題概念所包括的次概念或次次概念或更基層概念，以及可供參考的各領域科學活動，教師可以參考主題概念網絡活動，視幼兒興趣與能力彈性運用；有時其中一個次概念網脈的深入探究可能花上一個月的時間或者更多；有時可以同時進行二、三或二、三個以上次概念的廣度探究活動。圖 3-10 即呈現規劃幼兒科學活動之主題概念網絡活動圖模式，以供教師參考。

如圖所示，一項科學概念涉及了多領域活動，幼兒可以從不同面向來了解該概念，強化了概念的理解，也統整了幼兒的學習。美勞活動讓幼兒在創作的過程中不斷地回想思考、表徵自己的理解；而科學活動的素材亦可與美勞活動結合，鼓勵幼兒創意使用，例如觀察過的葉子、蔬菜，可以作為拼貼、蓋印、拓印之用。創造性律動可以將抽象的概念以直覺方式轉化成具體的肢體動作，增加概念的理解與保留，如以肢體動作表現種子發芽、茁壯長大的過程，或是各種動物的移動方式（蛇行、毛蟲蠕動、蚱蜢跳動……）。科學

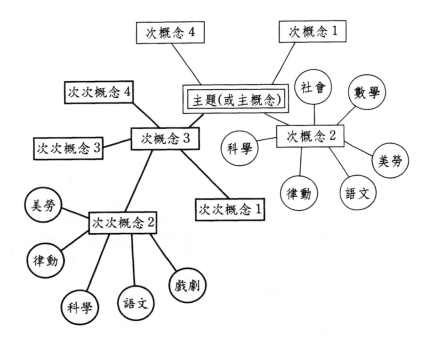

圖 3-10　主題概念網絡活動圖模式

圖畫故事書使幼兒確認自然或物理事件，增加趣味性與持久記憶。幼兒在自由遊戲或扮演遊戲中，發揮了科學創造行為，富想像力地試驗與運用科學概念，如：以傾斜的木板當城堡斜坡、上行以玩具小汽車，以兩塊積木連接一線當電話。又數學活動是科學活動中量化觀察記錄的一部分，科學主題提供了運用算術技能的情境。

　　總之，果若幼兒的學習環境豐富足具吸引性、容許個別與小組探索；幼兒在此一環境中能具體操作，以行動「測試」自己的想法，或「觀察」行動所引起的變化；教師則不時以問題激發幼兒思考、「推理」，且隨時抓住機會，進行當即發生對幼兒富於興趣的活動；再加上所設計的活動是以主題為中心統攝各領域活動，則幼兒科學概念之獲得是清晰深入，同時也培養了科學探究的方法與正向態度，以及愛護大自然的情操。最後筆者以 Kilmer & Hofman

（1995）所提出之「三至八歲適符發展的科學活動」（Developmen-
tally Appropriate Sciencing）歸納幼兒科學教育的方法。在表 3-2 左邊
乃較為正確的幼兒科學教育方法，在右邊則為不正確的幼兒科學教
育方法，在教學時，吾人應儘量趨向左端之狀態。

表 3-2　三至八歲適符發展的科學活動

正　　　確	不　正　確
活躍地參與	熟記許多的事實
操作教材	看著教師做示範與操作
控制他們自己的行動	研讀與其知識或經驗無關的內
探查熟悉的與生活有關的現象	容（被封閉性、只有唯一正
省思教師的開放性問題	確答案的問題所限制，或被
觀察他們自己行動的結果	告知要期待什麼？）
體驗計劃性與隨機性科學活動	缺乏觀察他們自己行動的機會
個別或小組性探查活動	只經驗教師計劃的活動
探查一些基本概念	只參與大團體全班性科學活動
探索物理、地球、生命科學等	只學習一、二個概念
多樣內容	只學習有限的內容
以多種方法評估其知識與技能	只以紙筆測驗評估其知識、技
	能

第三節　幼兒自然科學教育之內容

　　根據上表「三至八歲適符發展的科學活動」指出幼兒自然科學
教育的內容應是多樣化，包含物理、地球、生命科學等。有關幼兒
自然科學教育之內容，筆者亦以為，除化學外，舉凡生物、物理、
地球科學所涉及的範圍，祗要幼兒有興趣，皆可讓幼兒體驗與探
討。由於化學變化涉及物質本質特性的改變（如：隱形墨水活
動），對幼兒而言無異於神妙或魔術，不易理解，因而不適於作為

幼兒自然科學教育的內容。當然教師亦可選定其他領域非科學的主題，這些主題或多或少或間接的涉及自然科學面向，可以設計有關自然科學的一些活動，例如前所提及的「超級市場」主題。此處為有系統介紹幼兒自然科學內容，茲將幼兒自然科學內容分為四大項主題——動物、植物、生存（地球）環境、與自然力量（圖3-11），並列舉每一項主題之適合幼兒探索之主要基本概念；這些適合幼兒探索的主要基本概念，是與幼兒生活較為密切相關或較易理解者。事實上，這四大項主題是相互關聯的，舉如動物與植物是交互影響的：動物為植物傳宗接代、植物是動物的食糧、動物以植物為家；動植物均孕育於地球環境中；自然力量影響人類生活⋯⋯。因此，在進行各主題之時與其後，教師應將彼此密切相關的概念帶入，統整四大項主題，而非各自獨立地呈現。其次，一個主題概念之下，有次概念，而在次概念之下可能再有次次概念，往往涉及多層次概念，因而一個完整的主題概念網絡所形成的知識結構，可能相當龐大。因限於篇幅，以及考量幼兒程度，本書中之主題概念網絡僅呈現第一層次主要概念（或第一、二層）。值得注意的是，每人所採用的分類架構不一，所形成的概念網絡也可能不同（甚至依據同一概念網絡所設計的各領域活動也有所差異），因而本書之各主題概念網絡圖，僅供教師規劃課程之參考。教師在進行課程前，應依幼兒興趣與生活經驗選定某一項內容或主題，自行繪出主題概念網絡圖，並據以設計相關活動，作為與幼兒一同探索時之參考架構。大部分幼兒園教師視自然科學為艱深學科，通常在教學時較無信心，或甚而略而不教；其實教師若抱持自我成長的心態，在選定幼兒有興趣主題後，與幼兒一起探索、共同學習，並隨時參考主題概念網絡活動圖，相信自然科學的教學絕非難事。

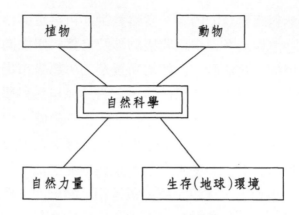

圖 3-11　自然科學概念網絡圖

一、植物

　　植物是幼兒環境中最熟悉的事物，不但每天所見有植物（如室內盆景、公園植株、遊戲場大樹），而且也食用各種植物（如蔬菜、水果），進行植物主題的探討，對幼兒而言，有相當的舊經驗可作學習的參照點，易於理解。適於幼兒探討的植物基本概念如下：

　　㈠植物的種類繁多，其外形特徵不同。

　　㈡大部分植物具有根、莖、葉、花等部位，各部位功能不同。

　　㈢植物是生物，大部分植物之成長需要水、陽光、空氣。

　　㈣大部分植物會製造種子，並以種子繁殖後代。

　　㈤有一些植物以根、莖、葉、孢子繁殖。

　　㈥植物對人類有許多功用（但也有一些害處）。

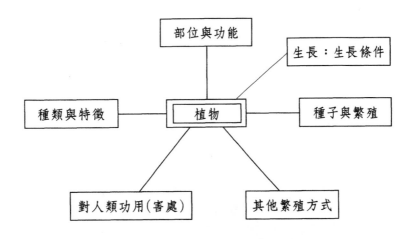

圖 3-12　植物主題概念網絡圖

二、動物

　　後皮亞傑學派認為幼兒具有一些先天的認知結構，可以促進學習，如：生物，因為幼兒可以用自己的例子加以推論印證。所以動物、植物這些易學易懂的領域應是幼兒科學探索的出發點。幼兒對於小動物天生具有好奇心與情愛表現，不少幼兒家中有貓、狗、兔等寵物，或飼養金魚、鳥、龜的經驗，進行動物主題的探討對幼兒而言是最有具體經驗且最富於興趣的事。適於幼兒探討的動物基本概念如下：

　　㈠動物的種類繁多，其外形特徵不同。

　　㈡各種動物移動身體方式不同。

　　㈢各種動物所需食物不同。

　　㈣各種動物所居環境不同。

　　㈤各種動物繁殖與哺育後代方式不同。

　　㈥各種動物成長變化有所不同。

　　㈦動物對人類有許多功用（但也有一些害處）。

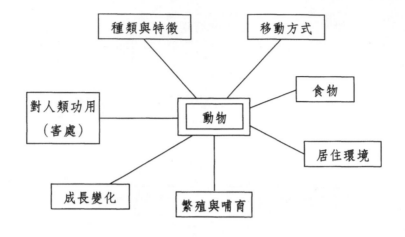

圖 3-13　動物主題概念網絡圖

三、生存（地球）環境

　　人類生存於地球之上，被空氣、水、陽光、土壤所包圍，亦仰賴以上這些生存要件為生，整個地球生存環境對人類實在太重要了。而且水、陽光、土壤對幼兒而言到處可見，非常具體、易於探究，幼兒均喜歡玩沙、玩水、享受陽光或製造影子。近幾年來，各國科學課程之發展趨勢，除仍強調科學探究外，更著重「科學－科技－社會」（Science, Technology, Society, STS）三者間關係，培養學童關注、探討與整個社會有關之問題。因此，在當前整個地球環境遭受污染、破壞之際，實有必要讓幼兒探討、關注我們的生存環境，以養成愛護環境之心。有關地球生存環境主題之基本概念有四：石頭、沙、土；水；空氣；及天氣。其實就每一項基本概念而言，均可以當為一個主題加以深入探討。

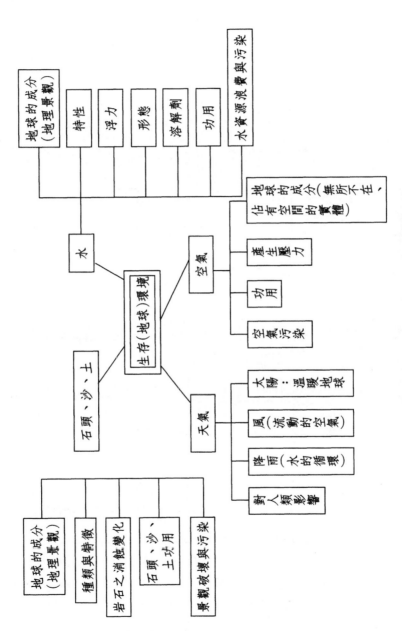

圖 3-14 生存（地球）環境主題概念網絡圖

◎石頭、沙、土

1.石頭、沙、土是地球的一部分，它形成重要地理特徵與自然景觀，如高山、沙漠、平原、峽谷、峭壁等。

2.石頭、沙、土的種類繁多，其外形特徵不同。

3.石頭在自然界中日漸被侵蝕而形成沙、土。

4.石頭、沙、土對人類與其他生物有許多功用。

5.人類改變自然界的景觀，如濫墾（山坡地）、濫伐（林木）、濫採（沙、石）等，以及污染景觀。

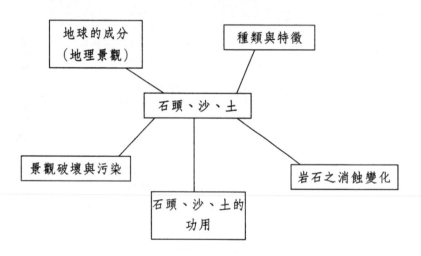

圖 3-15　石頭、沙、土主題概念網絡圖

◎水

1.水是地球的一部分，形成各種水域景觀。

2.水的特性——無色、無臭、無味、有重量、隨容器改變形狀等。

3.水可漂浮一些物體，但有些物體會沉下。

4.水有三種形態——液態（水）、氣態（水蒸氣）、固態（冰）。

5.水可溶解一些物體，是溶解劑，但有些物體不能被水溶解。

6.人類與其他生物均需要水，水有許多用途。

7.人類污染了水的品質，也浪費了水資源。

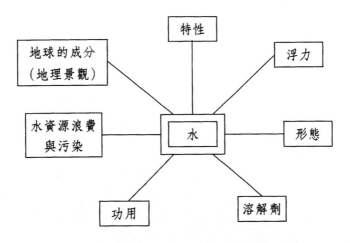

圖 3-16 水主題概念網絡圖

◎空氣

1. 空氣是地球的一部分，到處都是，它是真實的、佔有空間。

2. 空氣會對物體產生壓力或推動物體。

3. 人類與其他生物均需要空氣，空氣有許多用途。

4. 人類污染了空氣的品質與改變了大氣層。

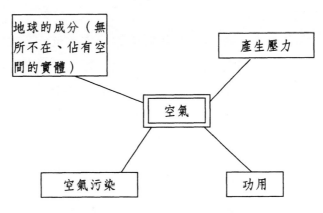

圖 3-17 空氣主題概念網絡圖

◎天氣

1. 太陽溫暖了地球,是地球的熱源。

2. 流動的空氣就形成風。

3. 降雨乃地面的水經蒸發與凝結作用而形成的。

4. 太陽、風、雨交互作用形成了天氣狀況,影響人類生活、情緒與活動。

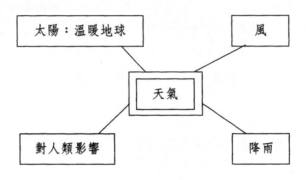

圖 3-18　天氣主題概念網絡圖

四、自然力量

　　大自然的力量是令人敬畏與激賞的,電、光、磁力、聲音等自然力量與人類生活密切;此外,能轉化人類力量的簡易機械,可幫助移動物體、減省力氣,更是生活上所不可或缺的,均是頗值幼兒探討的主題。

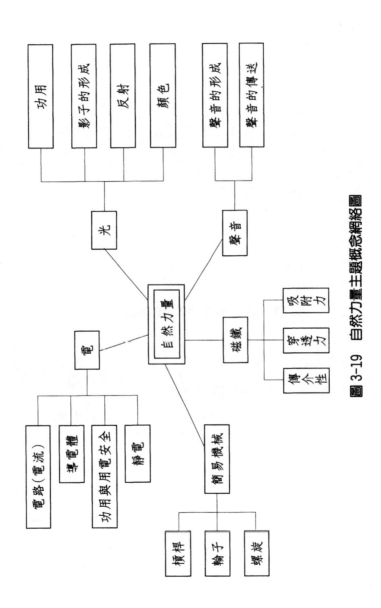

圖 3-19　自然力量主題概念網絡圖

◎電

1. 電由電源流經導電體、電器裝置、又回到電源，是一個環形迴路－電路。

2. 電流可穿透某些物質（有些物質可以導電），有些則不能穿透。

3. 電力對人類有許多功用，也能傷害人類，用電安全很重要。

4. 靜電現象在生活中經常發生。

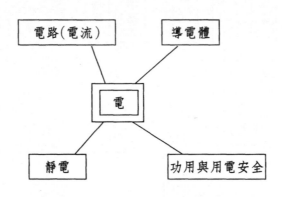

圖 3-20　電主題概念網絡圖

◎光

1. 光對人類、其他生物有許多功用。

2. 光以直線方式前進，當物體遮住光源，就形成影子。

3. 光可以被一些物質所反射。

4. 太陽光是由許多顏色所組成。

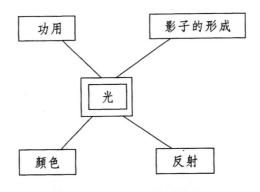

圖 3-21　光主題概念網絡圖

◎聲音

　　*1.*聲音由物體振動而形成，不同聲源形成不同聲音。

　　*2.*聲音乃經由許多物質而傳送：固體、液體、氣體。

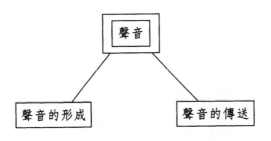

圖 3-22　聲音主題概念網絡圖

◎磁鐵

　　*1.*磁鐵有吸力，會吸附某些東西，但有些東西不會被吸住。

　　*2.*磁力有穿透性，一個磁鐵隔著某些中介物質，仍然可以吸附
　　　其他東西。

　　*3.*磁力有傳介性，一個磁鐵的磁力可以磁化其他鐵器，使之成
　　　為暫時性磁鐵。

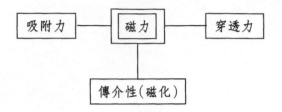

圖 3-23　磁鐵主題概念網絡圖

◎簡易機械

　　*1.*槓桿原理在日常生活用品中經常發現，可幫助人類省力。

　　*2.*輪子有很多種：輪軸、齒輪、滑輪等，可幫助人類省力。

　　*3.*螺旋是彎曲的斜面，可幫助人類省力。

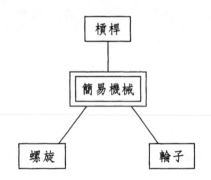

圖 3-24　簡易機械主題概念網絡圖

第二篇　活動篇

　　四至七章分別就幼兒自然科學四大項內容：植物、動物、生存（地球）環境、自然力量，提出與課程設計有關之主題概念要點及具體活動實例以供幼兒教師參考。由於個人分類架構不同，本書所繪之各主題概念網絡，非為唯一型式，僅供教師參考；教師於進行課程前，宜繪出主題概念網絡，並就每一個次概念設計相關領域活動。至於主題概念網絡的實際運用，完全視幼兒的興趣、能力、與時間而定；可以是廣度探究，同時進行好幾個第一層次次概念的探討，也可以是就某一次概念網系做第二層、第三層次概念的深度探究。無論是深度或廣度探討，所設計的活動均應是統整各領域，包含語文、律動、美勞、認知等活動，讓幼兒可以從不同面向來理解該概念。本書限於篇幅，僅繪出第一層次（或第二層次）次概念網絡，並就每一個次概念（以矩形表示），討論概念與設計活動重點，並列舉可供參考的各領域相關活動（以圓形表示）。第七、第八章由於每一個次概念均可獨立成一個主題加以探討，為節省篇幅，該主題下的概念活動，祇列舉少數參考範例。

　　其次，所編選的活動與教材應是生活化、具體化、經驗化，以日常生活所聞、所見的具體經驗（事物、現象）為探究的起始點，將抽象的概念化為幼兒可以理解的層次。而且在活動探

索的過程中，教師要以各樣的問題刺激幼兒思考，並予幼兒運用各項科學程序能力的機會。本篇於各主題概念下所列的活動，僅為參考範例，事實上還有許多其他有趣、有創意的活動，因限於篇幅，祇列舉部分。幼兒教師應根據幼兒的興趣、能力、年齡等自行設計活動，或參考本篇活動加以改編。舉例而言，就同樣一個活動水的浮力，可以加深加廣、製造認知衝突點（如：同重物體，一浮於水面、一沉入水底），以適合較大年齡層，亦可酌予簡化、淺化，僅為水面嬉水、玩弄各種物體以符合較小幼兒，完全視教師的彈性運用。

第四章　植物主題概念與活動設計

　　適於幼兒探討的植物基本概念計有：⑴種類與特徵；⑵部位與功能；⑶生物：生長條件；⑷種子與繁殖；⑸其他繁殖方式；⑹對人類功用（害處）。若欲涵蓋以上所有基本概念，則整個植物主題的探討絕非短短一、二週即可完成，建議將此一主題放至春夏之交以不少於一、二個月的期間進行探索，讓幼兒在親身體驗草木發芽、欣欣向榮，或品嚐親手種植蔬菜（如：空心菜、白菜）之際，不但理解植物有關概念，並養成好奇探究之心與愛護大自然的情操。當然，若時間有限，或想深度探究，亦可僅選擇一項或二項基本概念，加以探討。至於活動的設計與規劃必須是生活化、具體化，涵蓋各領域的統整性活動，且在幼兒探索的過程中儘量要提供直接經驗、以各類問題引發幼兒思考，並讓幼兒實際運用觀察、推論、預測、溝通等科學程序能力。

一、種類與特徵

　　植物的種類非常繁多，難以計數，每一種類又各有其特徵，一般教科書對植物的分類如下：

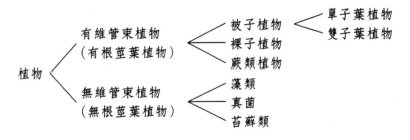

　　以上這些分類名詞對於幼兒而言，過於疏澀抽象，試問有多少成人能回答被子與裸子植物的不同？分辨單子葉與雙子葉植物？若強行幼兒背誦記憶，則無多大意義。教材的呈現應是生活化、具體化與經驗化，由食用植物的類型引起探究動機，如：葡萄、絲瓜等的蔓藤類植物，稻、麥等的穀類植物，空心菜、白菜等長於地面的葉菜類（或甘藷、紅蘿蔔等長於地下的根菜類），蓮藕、菱角等的水生植物類，香菇、草菇等的蕈類，梨、蘋果等的果樹類；或由日常生活環境中常見的植物類型誘發探索興趣，如松、柏等高大的喬木類，茶樹、杜鵑、七里香等矮叢灌木類，黃金葛、粗肋草等室內觀葉植物，或亦為觀葉植物的波士頓盛蕨與鐵線蕨類，長於陰溼處的苔蘚類，公園池塘中的浮藻、荷花等水生植物，喜慶相送的玫瑰、香水百合、鬱金香等切花植物，對幼兒而言可能更有意義、易於理解，因為以上這些分類與生活有關。吾人於論及幼兒自然科學教育方法時，強調規劃植物觀察區與栽種區的重要，若幼兒活動室中與園內綠地已有各類型的植物可供觀察、並可親手栽種或照顧，這些日常經驗均為最佳的學習參照點，再加上各種植物百科圖書（或圖鑑）的提供，則有關植物的種類與特徵概念的相關活動即可蓄勢待發。

　　至於種類與特徵概念的活動設計，可以從植物類型的整體外觀（如上所論及的各類植物），以及部分外觀（如植物的葉子、莖幹）的差異同時著手，主要的目的在讓幼兒發現並浸沐於形形色色、互不相同的植物世界中，感受大自然的神奇與偉大。圖 4a-1 的活動示例（以圓形表示）包含此二部分活動設計，並且涵蓋多種領域，茲說明如下：

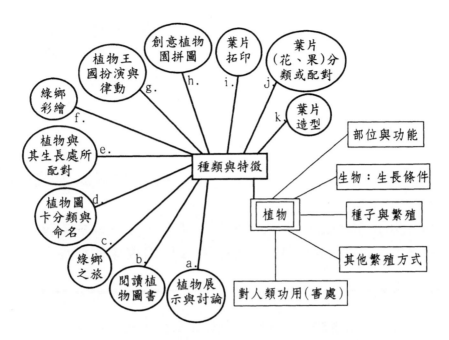

圖4a-1　植物主題概念網絡活動圖⑴：種類與特徵

a.植物展示與討論

探索目標：理解植物種類繁多，且各有特色，引起探究動機。

進行方式與注意事項：

1. 教師攜入各類食用植物，儘量涵蓋各種類型，如：蔬菜類（傳統市場小販有連根整株出售）、瓜果類、蕈類、穀類稻穗、或蓮藕等水生植物，以及各類食用植物的對照圖書或圖片（整株），如無法找到圖片，也可自行攝影，再配合教室內現成的觀葉植物與園內植物，進行團討。

2. 教師逐一拿起植物詢問幼兒該植物長在哪裡？或在哪裡可以看到？及還有哪裡可以找到或看到植物？答案可能是土裡面、地上、樹上、市場、花盆、瓜棚、池塘裡、田裡、木頭上、儘量讓幼兒發表舊經驗。

3.最後再逐一出示含有整株植物及其生長背景的圖片（或圖書），如瓜棚中的絲瓜蔓藤、稻田中的稻穗、土中的蕃薯、果樹上的蘋果、地面的蔬菜、水中的菱角等。教師可詢問幼兒一些問題，例如：「爲什麼絲瓜長在搭著架子的瓜棚中？」、「所有的植物都長在地上嗎？」、「所有的水果像蘋果一樣都長在樹上嗎？」（草莓匍匐於地面、葡萄的藤蔓也須搭棚架）、「到底有多少種植物？」等，引起幼兒探究的動機，作爲校外之旅及整個主題進行的序曲。

4.團討後的植物與圖片可以放在學習角之興趣桌上，供幼兒繼續探究。

5.教師亦可以以植物百科影片或圖書引起幼兒探索的動機。

c.綠鄉之旅

探索目標：藉實地經驗，理解植物種類繁多，且各有特色，感受大自然的神妙。

進行方式與注意事項：

1.綠鄉係指植物生長的園地，包括鄉野綠地、鄰近公園、森林樂園、蔬果園、菜圃、植物園等，若實在無法成行，也要儘量帶幼兒拜訪種苗園、園藝店、花市、花店等處，以補不足。當然前者與後者皆赴是最佳情況。

2.儘量請義工家長隨行協助，擔任小組領隊，注意幼兒安全。

3.隨隊攜帶蠟筆、紙、或黏土，讓幼兒拓印樹幹、樹葉，與放大鏡讓幼兒觀察細微部分，或植物圖鑑讓幼兒觀察對照。且最好能錄影、照相，以供回園團討、刺激幼兒回憶之用。

4.主要活動重點是當幼兒徜徉綠鄉之間，教師詢問：在哪裡可以找到植物？有多少種植物？（樹？草？葉？花？），這是延續前項引起動機的活動，讓幼兒到處尋找植物並一一計數發現答案。當幼兒發現有好多種植物，請幼兒說出每種不同之處，並不斷地輔以：「還有哪裡不同？」。例如：幼兒指出兩棵樹不同是一棵較

高、一棵較低,「還有哪裡不同?」的問題會讓幼兒進一步仔細觀察,而發現樹根、樹幹生長姿態(圖4-1,4-2,4-3,4-4,4-5,4-6,4-7)、樹皮紋路、葉子形狀等亦有所不同。

5. 如果幼兒遺漏了一些植物,如:水生植物、苔蘚類、蕈類、蔓藤類,教師可以詢問幼兒:「還有哪裡可以找到植物?找找看?」引導幼兒將觀察焦點擴及於池塘中的水生植物,池邊或陰溼處的蕨類、苔蘚類(圖4-8)、蕈類(圖4-9),或瓜棚下的絲瓜。

6. 花市、花店、園藝店、種苗場,雖不及自然綠地豐富,但可以找到沙漠植物(圖 4-10)、食蟲植物(圖 4-11)等較少機會觀察到的植物。

7. 綠鄉之旅結束後,一定要有經驗分享的團討時間,配合所拾獲的殘枝、葉片,所拓印的樹幹、葉片,所攝的影片、圖片,及教室內的百科圖書,以統整幼兒的經驗。

8. 綠鄉之旅對幼兒收益良多,不僅可理解植物種類繁多,且可觀察到大樹根部的輻射固著狀、草木的向陽生長性、以及昆蟲穿梭花間授粉情景等,故儘量要提供幼兒綠鄉之旅經驗。

d. 植物圖卡分類與命名

探索目標:藉由分類與命名各種植物圖卡,理解植物種類繁多。

進行方式與注意事項:

1. 教師出示幼兒於報章雜誌中剪下的各類植物圖卡,或市售現成圖卡,或自行製作,愈多愈好,請幼兒逐張命名,然後把一樣的放在一堆,可以分作好幾堆。

2. 當幼兒分類完後,教師詢問幼兒堆與堆間之差異處,即探詢其分類的標準。教師應容許個別幼兒間不同的分類標準,然後鼓勵幼兒用不同的分類標準再行分類(如原以外形分類,再以生長地區分類),最後統整各種分類方式,例如:依外形分類、依大小分類、依生長地區分類等。

圖4-1　樹幹生長姿態⑴：
　　　　　　　樹間差異極大

圖4-2　樹幹生長姿態⑵：
　　　　　　　樹間差異極大

圖4-3　樹幹生長姿態⑶：樹間差異極大

圖 4-4　樹幹生長姿態(4)：　　　　圖 4-5　樹幹生長姿態(5)：
　　　　樹間差異極大　　　　　　　　　　樹間差異極大

圖 4-6　樹幹生長姿態(6)：樹間差異極大

圖4-7　樹幹生長姿態(7)：樹間差異極大

圖4-8　山邊陰濕處的蕨類、苔蘚類

圖4-9　枯木上長出的植物

圖 4-10　沙漠植物─仙人掌

圖 4-11　食蟲植物

4.此一活動適合小組活動進行，亦可將圖卡置於學習角，讓幼兒個
　別探索。

━━━━━━━━━━━ **e.植物與其生長處所配對** ━━━━━━━━━━━

探索目標：藉由各類植物之生長處所不同，理解植物種類繁多且各
　　　　　　有特性概念。

進行方式與注意事項：

1.教師在白板上繪畫含有植物各種生長處所景觀圖，如森林、池塘、
　沙漠、稻田、瓜棚、大石頭、菜圃。
2.拿出背面黏有磁鐵的各種植物圖卡，請幼兒為每種植物在白板上
　找出他的「家」，例如：將荷花（葉）放在池塘中、青苔放在大
　石頭下、仙人掌放在沙漠……
3.此一活動亦可製成盤面操作性教具，置於學習角，讓幼兒自行配對。

━━━━━━━━━━━ **f.綠鄉彩繪** ━━━━━━━━━━━

探索目標：藉繪圖，表徵植物種類繁多且各有特性的概念。

進行方式與注意事項：

1.此活動為綠鄉之旅及其後一些活動的統整，讓幼兒將所旅之綠鄉
　繪出。
2.進行繪畫前，教師可將綠鄉之旅所攝之照片呈現於幼兒，並鼓勵
　幼兒思索當日所遊所見，例如：看到多少種植物？在哪裡看到植
　物？儘量呈現各類植物於圖畫中。

━━━━━━━━━━━ **g.植物王國扮演與律動** ━━━━━━━━━━━

探索目標：藉肢體律動，表徵植物種類繁多且各有特性的概念。

進行方式與注意事項：

1.教師自編「植物王國」故事，故事主角例如：植物王國中有各種
　形態的植物，有的有卷鬚、攀緣蔓爬（牽牛花），有的張開大腳

（根）、枝椏如傘狀（榕樹），有的漂浮在水中、悠悠自得（荷葉），有的小小的，躲在大樹下的枯葉堆中（菇類），有的高聳入天、枝葉稀疏（椰子樹），有的……配合一些小動物主角增添故事的趣味性。

2. 請全體幼兒先一一扮演牽牛花、榕樹、荷葉等各類不同形態與特性植物，再讓幼兒個別挑選角色，隨著故事情節律動，如風兒吹來搖晃，陽光灑落舒暢，蝴蝶穿梭採蜜……

h.創意植物園拼圖

探索目標：發揮創造力，建構含有各類植物的植物園。

進行方式與注意事項：

1. 此活動適合小組進行或學習區探索。
2. 教師自製植物園中的各類背景圖片，如小土丘、草坪、暖房、小池塘、大石頭、人行步道，以及各類植物圖卡（亦可包含動物圖卡）分置二盒。
3. 幼兒在一塊大拼圖板上隨意創造自己的植物園景觀。
4. 最後讓幼兒描述他的植物園。

i.葉片拓印

探索目標：藉拓印，理解植物的葉片部分亦各不相同。

進行方式與注意事項：

1. 將蒐集的葉脈、葉緣、葉形均不同的各種葉片定置於二張紙中，讓幼兒以蠟筆或B2鉛筆拓印，經拓印後的葉片，其葉形、葉緣、葉脈等清晰可見。
2. 讓幼兒比較並描述各個拓印之不同。

j.葉片(花、果)分類或配對

探索目標：藉由分類（或配對）葉片（或花、果）活動中，理解植

　　　　物的部分亦各不相同。

進行方式與注意事項：

1. 教師將所蒐集的葉片（圖4-12）、花、果（圖4-13）呈現於幼兒，若無實物，可以以坊間市售現成圖卡、報章剪獲的圖卡、或自製圖卡取代。接著請幼兒把葉片（花果）是一樣的放在一堆，可以分作好幾堆。

2. 當幼兒分類完後，教師詢問幼兒每堆間的差異，並鼓勵幼兒用不同的方式再行分類，最後統整各種不同分類方式。

3. 此一活動適合小組或學習角進行。

4. 配對活動若以團體活動進行，則教師請幼兒在圖卡堆中，尋出與教師手中所持相同者；若是學習角活動，則將圖卡置於操作板上方，幼兒在圖卡堆中尋找與操作板所示圖卡相同者，並置於該圖卡下方。

5. 若用真實的水果分類或配對後，可以讓幼兒分享什錦水果，親身體驗各具滋味的水果。

圖 4-12　形形色色的葉片

圖4-13　形形色色的蔬菜

k.葉片造型

探索目標：藉由造型活動，理解植物的葉片是各有特色。

進行方式與注意事項：

1. 教師蒐集各種葉形的葉片，如針葉形、心形葉、腎形葉、紡錘形葉、有鋸齒緣葉、深裂緣葉等，讓幼兒利用不同葉子的特色創作平面或立體造型，如茉莉花葉的鳥、竹葉的船、各種葉片組合而成的人（圖4-14）等。

2. 活動進行時，教師要儘量引發幼兒思考創作，如：這片葉子長得像什麼？可以做成什麼東西？

3. 最後分享作品，教師統整各種造型。

4. 葉片亦可夾於兩張蠟紙中，用熨斗輕輕燙過，製成卡片保存，或裝飾於活動室中。

二、部位與功能

　　大部分植物具有根、莖、葉、花等基本部位，除藻類、真菌、苔蘚類外，其餘植物皆有根莖葉，以上三種與蕨類均為無花植物。這些部位具有特性，各司其職，是植物的生命線。而且，有些植物可以用根、莖、葉來繁殖新株。

根：根具有向地性，它負責搜尋與吸收土壤中的水分和礦物質，以傳送至整株植物，因而，通常根部粗壯，可以穿梭堅硬的土壤，此外，它牢牢的抓住土壤，幫助植物平衡、支撐植物（圖 4-15）。

莖：莖介於根與葉間，含有維管束，是轉運中樞，負責往上運送根所吸收的水分和養分，並往下輸送葉子行光合作用所製造的養分，當然它支撐枝葉，使之獲足夠陽光，以行光合作用。

葉：葉是生命線的要害，它含有葉綠體，行光合作用，利用陽光將

圖 4-14　葉片人物

圖 4-15　植物的輻射狀根部

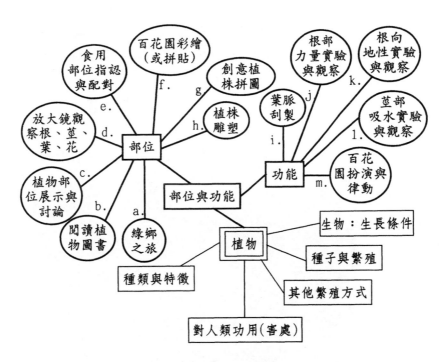

圖 4a-2　植物主題概念網絡活動圖(2)：部位與功能

水與空氣中的二氧化碳製造成養分與吐出氧氣，不但供給自身，也生產人類與動物所需的食物。若仔細觀察將會發現莖、葉具有向光性，奮力爭取陽光，撐開成傘狀，沒有兩片葉子是重疊的。此外，葉中有葉脈，是輸送養分的管道。

花：花多豔麗，是引誘昆蟲注意的彩衣，主要負責繁殖後代工作，因為大部分植物的花須藉昆蟲幫忙，方能將雄蕊上的花粉傳至雌蕊以授精產生種子。

c.植物部位展示與討論・ d.放大鏡觀察

探索目標：知道植物的根、莖、葉、花等部位，及各部位的特性。

進行方式與注意事項：

1. 教師於團討時攜入常見之帶根蔬菜（如芹菜、菠菜、白菜等，傳統市場有售），請幼兒觀察並指出這幾株蔬菜相同之處，如：它們都有綠色的葉子，它們下面都有鬚鬚的根（圖4-16）……

2. 教師詢問幼兒每株蔬菜之食用部位，如芹菜是莖、菠菜是葉；另外再出示帶莖葉的根菜類（如白蘿蔔），詢問幼兒食用部位。

3. 請幼兒再仔細觀察並描述根、莖、葉的形態與生長方向。

圖4-16　帶根蔬菜

4. 教師再出示帶根花苗與切花數朵，請幼兒仔細觀察並描述這些花相同之處，如：都很漂亮、很香等。

5. 最後將這些植株讓幼兒用放大鏡一一觀察其根、莖、葉、花，或置於學習角以供個別觀察、探索。

6. 在幼兒觀察花朵時，將其焦點引至花蕊以及蕊上的粉狀物，請幼兒用手摸摸看。

e.食用部位指認與配對

探索目標：藉指認食用部位，強化對植物各部位的認識。

進行方式與注意事項：

1. 此活動適合小組進行或學習角個別探索。
2. 教師將食用蔬果圖卡（自製或坊間經售）置一小盒中，另準備一自製之植物五大部位分解操作圖板，從上自下依次為果、花、葉、莖、根，請幼兒將蔬果圖卡置於部位分解圖板上適當部位，如花椰菜置於分解圖的花處，芹菜置於分解圖的莖處，蕃薯置於分解圖的根處等。

─── f.百花園彩繪（或拼貼） ───

探索目標：藉彩繪（或拼貼），強化對花朵豔麗色彩的認識。
進行方式與注意事項：
1. 教師於彩繪前先提供美麗的鮮花，或是各種花朵圖卡，以「百花仙子的後花園種滿了漂亮的各種花朵」故事，來引導幼兒作畫的動機。
2. 教師亦可提供各種色紙，剪成幾何圖片，讓幼兒拼貼成百花園，或是水彩、蠟筆與色紙併用創作百花園，當然亦可創作百花果園。在幼兒創作的過程中，儘量以問題引導幼兒繪畫形形色色的花與果。
3. 作品分享後，張貼於活動室四周，讓教室名符其實地成為百花園、充滿豔麗與繽紛。

─── g.創意植株拼圖 ───

探索目標：讓幼兒發揮創造力，建構自己喜歡的植物，並強化植物部位的認識。
進行方式與注意事項：
1. 此活動適合小組進行或學習角探索。
2. 教師將現成植物圖卡或植物圖形剪報，分解成根、莖、葉、花各段，或自行繪製根、莖、葉、花圖卡多種。
3. 幼兒在操作板上，自由拼湊出自己喜歡的植物，如：軟枝黃蟬的花、配上變葉木的葉、配上欖仁樹的莖幹、再配上榕樹的大根。

4.最後請幼兒描述自己所創造的植株,並為植物創意命名,如:懶蟬樹(欖蟬樹)。

━━━━━━━━━━━━━━ h.植株雕塑 ━━━━━━━━━━━━━━

探索目標:讓幼兒發揮創造力,自行雕塑喜歡的植物,並強化植物部位的認識。

進行方式與注意事項:

1.此活動適合分組活動進行。

2.教師準備各色黏土,以及雕塑輔助工具(如:牙籤、塑膠切刀、模型等)。

3.幼兒自行在操作板上,雕塑出自己喜歡的植物。在過程中,教師引導幼兒雕塑包含完整部位的植株。

4.最後請幼兒描述自己所創造的植株,並為其創意命名。

━━━━━━━━━━━━━━ i.葉脈刮製 ━━━━━━━━━━━━━━

探索目標:促進幼兒對植物部位-葉功能之理解。

進行方式與注意事項:

1.此活動適合小組進行。

2.教師發給幼兒洗衣軟刷及葉片,請幼兒將葉片夾在塑膠袋內所放置的白色吸水紙上,並用刷子來回刷過葉片。在刷前,請幼兒猜猜看葉子會變怎樣?以及說明為什麼會這樣?在過程中,請幼兒注意觀察葉子的前後變化。

3.將葉片殘骸-葉脈小心取出另置,請幼兒觀察並討論葉脈的形態。幼兒在此活動中親身經驗葉脈不容易刷爛,教師因勢利導讓幼兒理解葉脈輸送養分的功能。

4.教師復請幼兒觀察白色吸水紙上所殘留的綠色泥狀物及被染成綠色的吸水紙,向幼兒解說葉綠體是行光合作用製造養分的重要功臣。

├──── j.根部力量實驗與觀察 · k.根向地性實驗與觀察 ────┤

探索目標：促進幼兒理解根部為搜尋養分與水份，向下生長，力量
　　　　　強大。

進行方式與注意事項：

1. 教師準備蛋殼與土，讓幼兒分組撒種於蛋殼中，若欲求速，可直
   接種植小苗，然後請幼兒自行照顧。

2. 另一變通方式是以透明塑膠套下挖一小洞取代蛋殼。蛋殼的優點
   是當植物的根掙破蛋殼時，幼兒很能體會根力量強大的感覺。透
   明膠套的優點是能暴露根部於土壤中的生長概況，當植物的根從
   膠套底下小缺口冒出，也頗具說服力，教師不用擔心與等待掙破
   蛋殼的長久時間。

3. 平日校外教學時，教師可引導幼兒注意人行道上因行道樹根部力
   量強大，導致樹旁行道磚被掀起的剝落狀況。

4. 為更加強幼兒理解根向地性，可讓幼兒在玻璃罐玻璃邊上置溼紙
   巾，並在中間夾層撒種，待根與芽皆冒出後，將瓶倒置成根在上
   芽在下狀態，請幼兒預測會怎麼樣？經過幾天後，根與芽又往相
   反方向生長，即在上的根往下生長，在下的葉往上生長。

5. 教師應將幼兒的經驗做一統整，讓幼兒理解根之所以向地生長，
   主要目的在搜尋水分和養分。

├──────── l.莖部吸水實驗與觀察 ────────┤

探索目標：促進幼兒理解莖部之運輸功能。

進行方式與注意事項：

1. 教師準備芹菜、康乃馨、或白菜，先讓幼兒用放大鏡觀察斜切的
   莖尾處，以及橫向切割的莖內構造，然後將完整的莖株置於上覆
   有油脂的色水中（以防蒸發），請幼兒預測會發生什麼事？以及
   說明為什麼？

2. 經過一段時間後，請幼兒橫向切開其中一株莖處，用放大鏡觀察莖處的變化。

3. 經過一天後，重複步驟二再請幼兒觀察並討論整株植物的變化以及色水水位的變化（水位降低），教師詢問幼兒為什麼，請幼兒思考，再做統整。

┣━━━━━━ m.百花園扮演與律動 ━━━━━━┫

探索目標：透過肢體律動，表徵與理解根、莖、葉、花之特性與功能。

進行方式與注意事項：

1. 教師以自編百花園故事引起動機，配合音樂請幼兒扮演百花園中的各類植株。

2. 先讓幼兒創意表現植物特色，在過程中，教師引導幼兒扮演具有特色部位的植株，如：有輻射狀大根的榕樹，歷經風吹雨打、隨風搖曳仍屹立不拔，且其枝葉茂盛、奮力爭取陽光的情景，以及有鮮豔、美麗花朵的植物，伸出帶有花粉的蕊，而蝴蝶、昆蟲穿梭其間授粉的情景等。

3. 接著教師再引導幼兒扮演根吸收水分、礦物質，由莖向上的運輸情形。

4. 最後由教師加以統整幼兒的經驗。

三、生物：生長條件

幼兒通常認為植物不會動，不是生物，其實植物和人類及其他動物一樣都是生物，有其一定的生長要件。例如：口渴了要喝「水」（如：被豔陽焦曬葉片低垂緊縮的日日春，澆下水後不消一會兒即挺直幹莖，葉片舒張，恢復原狀）、肚子餓了要吃食物－土壤中的「礦物質」、溫暖的氣候與陽光、充足的空氣。此外，植物並不是完全不會動，植物也有各種運動，如：睡眠運動（最容易觀察的是白天的酢漿草，三片心形葉大撐，晚上則緊縮、低頭沈

睡）、觸發運動（路邊的含羞草，只要一碰，就會合攏下垂）、莖
葉向陽生長、爬藤卷鬚的迅速攀緣纏繞等。以上概念非常重要，了
解植物像人、動物一樣，也會吃、喝、生長、睡眠、運動，幼兒就
會從內心油然而生愛護草木之心，不任意攀折、踐踏。而且這些概
念很容易透過具體經驗性的活動，如觀察、實作與實驗加以理解，
圖4a-3即呈現「生物：生長條件」概念的活動設計，它涵蓋了多種
領域，茲說明如下：

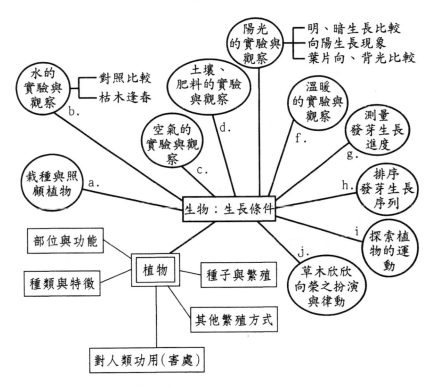

圖 4a-3　植物主題概念網絡活動圖(3)・生物—生長條件

b.水的實驗與觀察 · c.空氣的實驗與觀察
f.溫暖的實驗與觀察

探索目標：體驗水、空氣、溫暖合宜的環境對植物的重要性，是植物的生長要件。

進行方式與注意事項：

1. 教師先將一碗綠豆泡水，以利發芽，然後讓幼兒在置有紙巾的器皿中撒下泡過水的綠豆。實驗皿中放入適量的水，讓紙巾溼潤，對照皿中則不放入任何的水，請幼兒先預測一、二天後二皿各會發生什麼事？以及說明爲什麼會發生？

2. 請幼兒比較二皿中綠豆的生長情形，引導幼兒作出水是生長條件的結論。

3. 「甘霖滋潤、枯木逢春」活動更能讓幼兒體驗水對植物的重要性，即將一盆被太陽曬得垂頭喪氣的植物，帶入團體討論之中，詢問幼兒怎麼辦？若有幼兒提出如：澆水之各種意見，則儘量讓幼兒試驗其想法。最後教師引導幼兒理解植物口渴了，像人一樣也須喝水。圖 4-17,4-18,4-19,即爲被曬得枯萎緊縮的日日春，澆水過後各隔四十分鐘的變化。

4. 若再準備第三皿，在皿中加滿水，蓋住綠豆，亦可讓幼兒經歷觀察、預測、驗證、試著作結論過程，引導幼兒理解綠豆因爲泡在水中，沒有足夠的空氣，所以不會生長。若有室內植物澆水過多，以致根腐幹亡的實例，更能讓幼兒理解。

5. 亦可進行溫暖是植物生長條件的實驗，即將一對照皿放入冰箱中，比較受寒種子與正常溫度下種子的發芽情形，同樣在實驗過程中，教師應讓幼兒經歷預測、實驗、推理、作結論的過程。

圖4-17　剛澆水的枯木
（日日春）

圖4-18　澆水過後四十分鐘的枯木
（日日春）

圖4-19　澆水過後八十分鐘的枯木（日日春）

┣━━━━━ d.土壤（養分）・肥料的實驗與觀察 ━━━━━┫

探索目標：體驗土壤中的養分、肥料之於植物猶如食物之於人類。

進行方式與注意事項：

1. 活動 b1 實驗組所栽種的綠豆，每天繼續澆水，為實驗皿，另將一部分發芽綠豆移植至土壤中為對照皿，亦每天澆水，讓幼兒預測二皿之生長情形，以及說明支持其預測之理由。

2. 讓幼兒驗證、比較其實際生長情形，並引導幼兒作出土壤中的養分是生長條件的結論。

3. 教師亦可準備二盆同類盆栽，撒以肥料為實驗組，另對照組不加任何肥料，請幼兒預測與驗證、比較結果、並試著作結論。

┣━━━━━━━ e.陽光的實驗與觀察 ━━━━━━━┫

探索目標：體驗陽光對植物生長的重要性，是植物的生長要件。

進行方式與注意事項：

1. 最簡單的方式，是將幼兒栽種的綠豆，一皿置於陰暗櫥櫃中，一皿則置於陽光能照射之處（但兩皿皆須澆水），讓幼兒預測可能結果、說明支持其預測的理由、並驗證之，以體驗陽光對植物之重要性。

2. 更進一步的實驗觀察，可以將發芽的豆苗（最好種在土裡），放入密閉祇留一小缺口的紙箱中，讓幼兒預測植物會怎麼生長？與說明為什麼會這樣生長？幾天後拆開紙箱會發現莖、葉朝向有光線的缺口生長，甚而莖葉冒出缺口之上。或者是箱內設有迷徑，莖、葉會如走迷宮似的尋至陽光處，教師引導幼兒作出植物有向陽生長的特性。

3. 為進一步理解陽光對植物的影響，教師可準備裁成小張的深色海報紙，將之對折，在對折開口處插入植株的葉片並以膠帶固著，另外的葉片則祇覆蓋一半的面積，讓幼兒預測三種狀態葉片（全

蓋、半蓋、未蓋）可能的結果，並驗證之。

├─── g.測量發芽生長進度・h.排序發芽生長序列 ───┤

探索目標：藉測量活動，理解植物是有生命的，不斷的成長。

進行方式與注意事項：

1. 幼兒所栽種的綠豆，除請其注意每日紙巾溼度、觀察生長順序外，亦可請幼兒在皿旁豎一硬紙板條，將每日觀察結果刻畫於板條上，或是用長條紙比對每日生長高度並剪下，最後按日排序長條紙，即為具體的生長統計圖表。

2. 最後教師作一統整，將幼兒出生至今的各階段照片排序，引導幼兒理解植物和人一樣是有生命的，不斷的成長。

3. 為求迅速，可將牽牛花或絲瓜等常見蔓藤類之卷鬚，纏於筷子或吸管上，請幼兒預測結果。約過半日，即可見卷鬚已纏繞整枝筷子或吸管，更易讓幼兒理解植物是有生命、不斷成長的概念。

4. 教師亦可將發芽生長的每個重要階段（如：豆子裂開、根先冒出、芽再長出、莖抽長……）攝成照片，或自行繪製圖卡，請幼兒排列生長序列。

├─── i.探索植物的運動・j.草木欣欣向榮之扮演與律動 ───┤

探索目標：探索植物和人類一樣，有各種運動，並進而統整各項經驗，促進幼兒對「植物是生物」概念的理解。

進行方式與注意事項：

1. 教師製造各種機會，如綠鄉之旅、親子在家活動，讓幼兒親身體驗植物的各種運動，如觀察蒲公英、酢漿草白天和晚上的形態變化，觸摸含羞草感受前後變化。

2. 教師統整幼兒的各項經驗，讓幼兒回憶前所進行的蔓藤生長速度測量，植物向陽走迷宮，以及「甘霖滋潤、枯木逢春」等活動，引導幼兒理解植物和人類、動物一樣均為生物。

3.最後，可讓幼兒以肢體律動表徵活動作爲結束。舉如：絲瓜卷鬚纏繞竹竿而上、迅速生長，曬得垂頭喪氣的日日春澆水後慢慢舒張葉片、挺立枝幹，豆苗尋著光線所在、走迷宮生長，種子發芽等。

4.當然，亦可讓幼兒用筆繪出植物發芽、生長情形。

四、種子與繁殖

　　大部分植物會開花（結果）、自行製造種子，並以種子繁衍後代。種子是延續生命的寶物，它可以發芽成新株，然而在哪裡可以發現種子？它的外形特徵是什麼？它的內部構造是什麼？爲什麼可以發芽成新株？植物所製造出來的種子如何散播入土、傳送生命？種子撒播入土後需要哪些條件才能生長？種子除延傳生命外，對人類還有什麼功用？以上都是頗值探究的問題，因此在「種子與繁殖」概念下又劃分爲四個次概念──外形特徵、散播（生命傳送）、發芽成植物（生命延續）與功用。

　　幼兒平日吃食水果，如：橘子、桃子、木瓜、蘋果、葡萄、李子等，就可發現許多外形不同的種子，以此爲引起動機活動；或者是以幼兒平日所吃食的種子食物，如：瓜子、玉米、米飯、蓮子、松子、豌豆、四季豆等，爲活動進行的起點，讓幼兒認識與比較各種種子之外形特徵，或親手撥開豌豆、蠶豆、毛豆的豆莢，觀察豆子與豆莢相連之豆臍處，猶如人也有肚臍與母體相連，了解生命延續現象，均是非常生活化、對幼兒有意義的起點活動，然後再擴及幼兒的視野至野地的野草、樹木，尋找種子，則幼兒的學習將是很完整的。

　　種子內究竟有什麼祕密，能讓種子發芽呢？若讓幼兒將毛豆或蠶豆剝開，將會發現，除了覆蓋在種子外的「種皮」外，兩片「子葉」中夾有新株小芽－「胚芽」。實際讓幼兒浸水栽種，將發現種子內胚芽的根處先伸出種子外，最初幾日由種子的子葉供給發芽所需養分，但當第一片真葉長出後，子葉中的養分已耗盡，就必須移

植於土中，置於有陽光、空氣之處，以行光合作用、自製養分、繼續生長。

　　種子成熟後，會利用各種方式散播到遠方繁殖新株，經過探索後，幼兒就能感受大自然的智慧與奧妙：

・風力飛揚：小而輕的種子如蒲公英、松樹的種子，長有纖毛或薄翼，可以隨風飄盪至很遠的地方，而且通常生命力強韌，我們常可在水泥地縫隙、牆邊發現野草，即可能是風揚的結果。

・動物運送：有些植物種子或果實長有鉤刺，容易黏勾於人類的衣服或動物的皮毛上，秋後若行過草叢，常發覺衣服上或褲、襪上沾有草籽，像鬼針草、咸豐草，記憶中常成為幼年嬉戲時相互丟擲（因為會鉤在對方身上）的玩物。此外，有些果實被鳥或動物吃食，從糞便中排出種子，這些種子的果肉都很可口。

・水力漂游：生長在水中與水邊的植物果實或種子，能漂浮水面至遠處，如椰子、胡桃、林投樹果（圖4-20）等。

圖4-20　海邊林投樹（注意樹上的果子，成熟後會脫落，漂流海面）

•自行蹦彈：有一些種子的果皮，易碎有彈力，如罌粟、黃花酢漿
　　　　　　草與鳳仙花（指甲花）的果實，祇要輕捏，使會裂開
　　　　　　彈流出小種子。

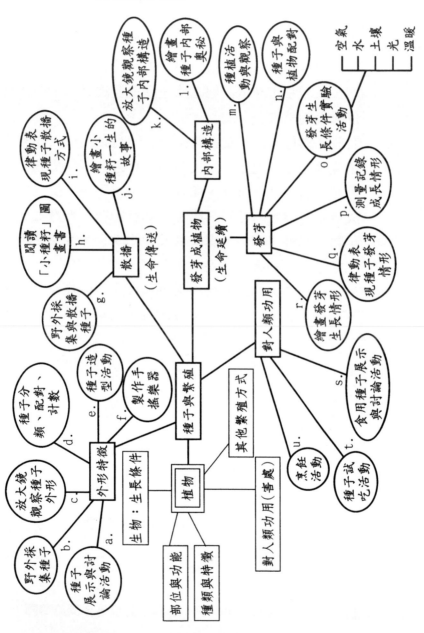

圖 4a-4　植物主題概念網絡活動圖(4)：種子與繁殖

├────── a.種子展示與討論活動‧b.野外採集種子 ──────┤

探索目標：認識種子的出處及外型構造，引起幼兒探索動機。

進行方式與注意事項：

1. 教師於團討時攜入常見水果數樣（最好是帶枝葉），以及豆莢（如：毛豆、四季豆、豌豆）置於中央處，並請幼兒分食已清洗或處理的水果（如：每人一粒葡萄、或每人一瓣橘子），當幼兒吐出果內種子時，詢問幼兒那是什麼？做什麼用等問題，以了解其舊經驗。

2. 再以「所有水果內都有種子嗎？」為探索問題，切開準備的帶枝葉水果驗證之。教師以種子間的異同問題，引導幼兒觀察、比較種子的外型構造。

3. 引導幼兒注意豆子與豆莢相連之豆臍處，向幼兒解釋生命延續的現象與意義。

4. 最後以「還有哪裡可以找到種子？」為探索問題，將室內活動延伸於戶外，帶領幼兒尋找種子。像鳳凰木、洋紫莖等的長刀型種莢（圖4-21）、松樹、木麻黃的毬果（圖4-22）、野草穗叢、蒲公英、鬼針草……等都可以成為尋寶對象。

圖4-21　有長刀型種莢的植物

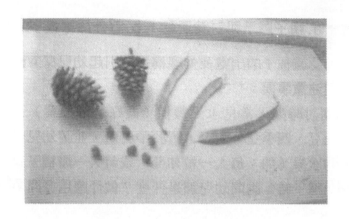

圖4-22　松樹、木麻黃的毬果與洋紫荊的種莢

5. 教師亦可讓幼兒用棉質工作手套，或穿舊了的長襪套在鞋襪上，
   穿梭過草叢，請幼兒注意沾在手套與襪子上的是什麼？然後帶回
   室內浸水種植。

┣━━━━ **c.觀察種子外形‧d.種子分類、配對、計數** ━━━━┫

探索目標：藉由觀察、分類等活動，更加認識種子的外形構造。
進行方式與注意事項：

1. 將野外採集的各類種子，教師事先蒐集的豆類（紅豆、綠豆、黑
   豆、黃豆……），與各類水果種子置於學習角落，並準備放大鏡
   數把讓幼兒觀察並比較種子間的差異。像蒲公英的種子透過放大
   鏡，纖毛大而明顯，若能與帶鉤刺的種子比較，有助於下一個「散
   播」概念的理解。

2. 以上所準備的各式種子，亦可準備透明蛋盒或小容器，讓幼兒「將
   一樣的擺在一起」，進行分類活動，或是「找出與上面這一排相
   同的種子，排在它的下面」的配對活動，以上二項活動均有助於
   種子外形的認識。甚而亦可進行種子間的計數活動，比較多寡。

━━━ e.種子造型・f.製作手搖樂器 ━━━

探索目標：透過活動，促進幼兒對種子外形特徵的認識。

進行方式與注意事項：

1. 教師準備形形色色的種子（如：紅豆、綠豆、黑豆、黃豆、米、花生……）數盒。

2. 種子造型活動可以由較為結構式的在輪廓（如畫好的蝴蝶）中構圖，到較為開放的自由造型。也可以進行「型式」（重複出現的花樣）設計，或穿成一串項鍊。在過程中，教師鼓勵幼兒儘量創作與別人不同的設計。

3. 亦可將種子置於玻璃或鐵製容器中，製造各種不同聲音的手搖樂器。例如：米製樂器和甘納豆樂器就有很大的差異。

━━━ g.野外採集與散播種子 ━━━

探索目標：促進幼兒理解各種種子外形與其散播生命方式關係。

進行方式與注意事項：

1. 在種子「外形特徵」次概念之下所進行的採集活動，是以認識形形色色種子與理解在哪裡可以發現種子為目標。該項活動可以進而延伸為著重於種子散播方式的野外活動。

2. 吹拂蒲公英、觀察帶纖毛的種子隨風飛揚情況（風力飛揚方式），刻意讓幼兒走過草叢、觀察黏在衣物上的種子（動物運送方式），彼此丟擲鬼針草、比賽誰黏的少，捏一捏鮮紅欲滴的小漿果、觀察其彈流而出情形……均為有趣的活動。

h.閱讀小種子圖書・i.律動表現種子散播方式 j.繪畫小種籽一生的故事

探索目標：以肢體律動或繪畫，表徵生命傳送概念。

進行方式與注意事項：

1. 幼兒有吹拂蒲公英帶纖毛種子的經驗後，教師向幼兒讀「小種籽」一書（或其他類似圖畫故事書），並進行討論小種籽隨風飄揚、最後終於落土成長的艱難過程。
2. 延伸活動可以是肢體律動表現小種籽坎坷飄揚的一生，亦可以是以繪畫方式表現小種籽的故事。

k.觀察種子內部構造活動．l.繪畫種子內部奧祕 m.種植活動與觀察

探索目標：探索種子的內部構造，促進其對生命現象的理解。

進行方式與注意事項：

1. 教師準備帶豆莢的毛豆，請幼兒先行小心剝開，指出豆子與豆莢相連之豆臍處，請幼兒仔細觀察並與幼兒討論。
2. 教師以「豆子裡有什麼東西，能讓種子發芽？」問題，引導幼兒剝開毛豆的兩片子葉，用放大鏡一探究竟，並與幼兒討論。
3. 延伸的活動可以讓幼兒將所觀察的「胚芽」畫出。
4. 最後可讓幼兒實際種植，觀察胚芽生根、長芽，驗證種子內部奧祕會長大成植物的想法。
5. 野外採集的種子，可連同襪子、手套一起浸水，讓幼兒觀察其生長發芽情形。另亦可將黏在襪子、手套上的種子取下，種在繪有臉譜的蛋殼中，或刻有臉譜的馬鈴薯上，草籽長成密密的頭髮，不但有趣，又可促進對生命延續現象的理解（圖4-23）。

圖 4-23　草籽馬鈴薯人

n.種子與植物配對

探索目標：促進幼兒理解種子源自於母株的生命延續概念。

進行方式與注意事項：

1. 教師蒐集或繪製常見種子的母株圖片，如蘋果樹、橘子樹、鳳凰木、蒲公英、木麻黃、松樹等，及包圍種子的果實或種莢圖片，並將各類種子置於一盒，讓幼兒將種子與圖片配對。

2. 此活動除團體進行外，亦可置於學習角讓幼兒自行探索。

（註：本節 o. p. q. r 四項活動可參考前述「生物：生長條件」之相關活動，在此不再敘述。）

┠─ **s.食用種子展示與討論・ t.種子試吃活動・ u.烹飪活動** ─┨

探索目標：認識種子對人類提供的各種用途。

進行方式與注意事項：

1. 教師將數種食用種子（如：瓜子、紅豆、蓮子、松子、花生、米、蠶豆……）展現於團討中，請幼兒發表其他的食用種子。

2. 教師詢問幼兒「有哪些食物是由種子做成的？」，先讓幼兒思索，然後再一一拿出事先準備的花生糖、豆漿、芝麻糖、爆米花、麵包、花生油等，與幼兒一起討論。

3. 亦可進行種子試吃活動，在嚐過各樣食用種子與種子製品後，讓幼兒更加體會種子對人類的功用。

4. 烹飪活動製作種子製品，也是很有趣的經驗性活動，例如：製作爆米花、什錦豆糖（各種豆類加麥芽糖）、豆漿等。

五、其他繁殖方式

　　植物的繁殖方式，除了以種子行「有性繁殖」外，尚有由根、莖、葉等營養器官行「無性生殖」。此外，有些植物無根、莖、葉、種子，是由孢子繁殖的，亦屬無性生殖。

・以根繁殖者：如甘藷、胡蘿蔔泡在水裡或種在土裡就會長出新芽。

・以莖繁殖者：如馬鈴薯的塊莖，埋入土裡即從芽眼處發出新芽、長成馬鈴薯。有些植物有走莖，如吊蘭（圖4-24）可長出走莖，走莖的中間會憑空發芽、生根，長出好幾株新株；草莓的匍匐莖碰到地面，會生根長出另一新株草莓。有些植物的枝條，可以直接插入土中而活，如日日春、九重葛等很容易插枝繁殖。

・以葉繁殖者：非洲菫（圖4-25）、秋海棠（圖4-26）、大岩桐（圖4-27）的葉子若摘下插入水中或土中，就會從切口處長根發芽，長出新株。

圖4-24　吊蘭及其走莖

圖4-25　非洲菫（將葉片從葉柄處摘取後入土，先長根，再長出小葉）

圖4-26　海棠（可摘取葉柄插入土壤繁殖，本株即用兩片葉子繁殖而成）

圖 4-27　大岩桐

‧以孢子繁殖者：有些植物有孢子（如：蕨類植物葉子的後面有成
　　　　　　　　排的孢子）孢子是非常微小的細胞，可以乘風飛
　　　　　　　　揚，撒落在溫溼的環境中，便會發芽成長，如：
　　　　　　　　麵包的黑黴。

　　教師應儘量提供機會，讓幼兒親手插枝（如：四季海棠、九重
葛）、培養葉片（如：非洲菫、落地生根），或用甘藷、胡蘿蔔泡
水讓其發芽生長，或用麵包培養黴菌，經歷各種繁殖方式。在觀察
蕨類植物時，可引導幼兒將葉片翻轉，找尋排列整齊的孢子。

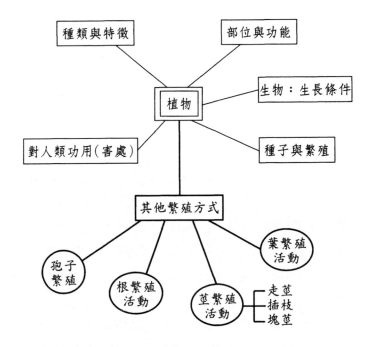

圖 4a-5　植物主題概念網絡活動圖(5)：其他繁殖方式

六、對人類功用（害處）

　　植物對人類有許多功用，影響至鉅，舉凡食、衣、住、行、育、樂各方面均少不了它。首先，植物的根、莖、葉、花、果各部位，甚而種子，是人類賴以維生的重要食糧：

　　根菜類：胡蘿蔔、白蘿蔔、甘藷、薑、牛蒡等。

　　莖菜類：芹菜、蘆筍、甘蔗、茭白筍、洋蔥（鱗莖）、竹筍
　　　　　　（地下莖）等。

　　葉菜類：小白菜、菠菜、高麗菜、空心菜、茼蒿等。

　　花菜類：青花菜、花椰菜、金針菜、韭菜花等。

　　果菜類：蕃茄、茄子、冬瓜、四季豆、絲瓜、黃瓜、苦瓜等。

　　種子類：米、麥、玉米、花生、黃豆、紅豆、松子、蓮子、栗
　　　　　　子等。

　　水果類：蘋果、梨子、葡萄、桃子、橘子、木瓜等。

　　除了充飢裹腹外，有些植物可以當成藥物，強身補體，中藥常見的當歸、黃耆、人參、枸杞、冬蟲夏草等屬之，有些可以沖泡（煮）成飲料，如茶葉、羅漢果、決明子、金線蓮、山粉圓等。烹調或試吃活動是理解食用價值的最佳活動。

　　人類居住處所的建材、傢俱與裝潢多取之於樹木，雖然鋼筋水泥日漸取代建材，但渡假小木屋、小竹屋仍廣受歡迎，木製、藤製各類傢俱更有其價值與實用性。每日所穿的衣物，不少來自於棉花或亞麻，舒適質樸又吸汗。牛馬車、木船、木質拖屐、草帽、草蓆、斗笠、蘆花（或棕蓑）掃把（圖4-28）、木製臉盆（浴盆）及其他各項用品陪伴人類走過歲月。許多遊樂場的大肌肉攀爬設備或原野運動公園設施都少不了木材。我們常用的鉛筆、書本亦取之於樹木。甚而假日的森林浴，平日的賞花弄木是休閒活動所不可缺的，花花草草更是裝飾居住環境的畫龍點睛劑。有些樹還會分泌樹脂、楓糖、橡膠，海邊的防風林保護人類免於風害，可以說植物對人類的貢獻，層面甚廣、無以計數。

　　然而，有一些植物有毒，誤食會造成嘔吐、腹瀉、昏睡等症狀，誤觸其汁液會奇癢無比。綠色觀葉植物中，有很多有毒，例如：黛粉葉、粗肋草（整株有毒），常春藤、彩葉芋、蔓綠絨（三者的葉子均有毒）等均為室內常擺設的植物，幼兒教師應事先告誡幼兒，並小心幼兒攀折、觸摸、或誤食。而室外常見的軟枝黃蟬（圖4-29）、夾竹桃、聖誕紅（圖4-30）亦為有毒植物，亦要小心。

圖 4-28　蘆花掃把

圖 4-29　有毒植物：軟枝黃蟬

圖 4-30　有毒植物：聖誕紅

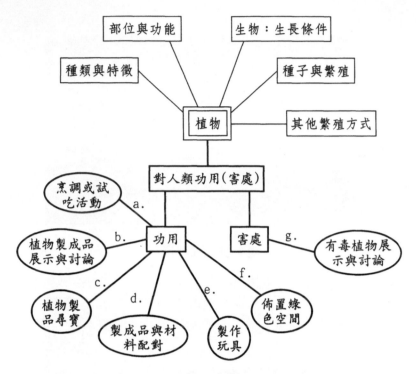

圖4a-6 植物主題概念網絡活動圖⑹：對人類功用（害處）

━━━ **b.植物製成品展示與討論・c.植物製成品尋寶** ━━━

探索目標：認識植物對人類的功用。

進行方式與注意事項：

1. 教師手指室內與窗外植物，和幼兒討論植物除了食用價值外，對人類還有什麼用途？儘量鼓勵幼兒思考、發表不同答案。

2. 將幼兒焦點轉向各種植物製成品，若幼兒無法思及，則教師拿出所預備的一樣製成品（如：草帽、掃把、積木……）和幼兒討論該物是哪種植物以及植物的哪一個部位製成的。然後再詢問幼兒還有其他的製成品嗎？並重複以上的討論過程。

3. 最後教師將預先準備的各種製成品全部展示於幼兒面前（圖4-31），並進行討論。

4. 本活動可以延伸爲教室內或園內植物製成品的尋寶活動（如：桌子、籃子……）並比較哪一組尋獲較多種類。

圖 4-31 **各種植物製成品（竹槍、竹笛、竹籃、竹簍、絲瓜布、木製面紙盒等）**

├──── d.製成品與材料配對 ────┤

探索目標：理解很多種植物皆可作成對人類有益的東西。

進行方式與注意事項：

　　教師自繪植物製成品圖卡以及各類植物圖卡（或從報章雜誌剪下），置於學習角，讓幼兒自行配對。如：掃把－蘆草（莖），桌子－樹木（樹幹），竹籃－竹子（莖），茱瓜布－絲瓜（果）等。

├──── e.製作玩具 ────┤

探索目標：親手製作以植物爲原料的玩具，體驗植物對人類功用。

進行方式與注意事項：

1. 教師準備製作玩具的必要材料，如竹蜻蜓的竹片、彈弓的樹叉、竹槍的筷子（圖 4-31）、竹笛的竹管等，讓幼兒親手製作。

2.材料若能讓幼兒至林中尋找，則更增加創作動機。

3.最後分享並遊戲所製作的玩具。

第五章　動物主題概念與活動設計

　　適於幼兒探討的動物基本概念計有：(1)種類與特徵；(2)移動方式；(3)食物；(4)居住環境；(5)繁殖方式；(6)成長變化；(7)對人類功用（害處）。整個動物主題的探討，若欲供給直接觀察、探究的經驗，絕非一、二週即可完成。在主題探討期間，要儘量讓幼兒接觸、觀察，甚而照顧各種動物，如：兔子、天竺鼠（圖 5-1）、小狗、魚、鳥、烏龜、蝌蚪等。不但能促進各項概念的理解，而且也能養成愛護小動物之心，若時間有限，或想深度探究，亦可只選擇一項或二項基本概念，加以探討。本章先就每一個基本概念作知識性的探討，然後再就每一個概念提供活動設計實例，以供參考。值得注意的是，教師於設計活動時，必須是各領域兼重、統整設計；在引導幼兒探索的過程中，儘量以各種問題引發幼兒推理思考，實際運用觀察、推論、預測、溝通等科學程序能力。

圖 5-1　天竺鼠

一、種類與特徵

　　動物的種類非常繁多，難以計數，每一種類又各有其特徵。一般教科書對動物的分類如下：

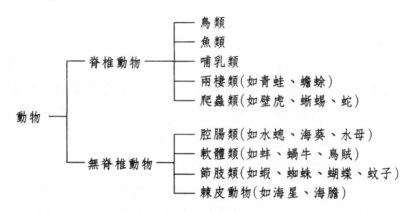

動物 ── 脊椎動物 ── 鳥類
　　　　　　　　　　魚類
　　　　　　　　　　哺乳類
　　　　　　　　　　兩棲類（如青蛙、蟾蜍）
　　　　　　　　　　爬蟲類（如壁虎、蜥蜴、蛇）
　　　　　無脊椎動物 ── 腔腸類（如水螅、海葵、水母）
　　　　　　　　　　　　軟體類（如蚌、蝸牛、烏賊）
　　　　　　　　　　　　節肢類（如蝦、蜘蛛、蝴蝶、蚊子）
　　　　　　　　　　　　棘皮動物（如海星、海膽）

　　以上無脊椎動物所列的幾種是較爲常見者，此外尚有原生動物、海棉動物、扁形動物、環形動物、圓形動物等均屬無脊椎動物類。特別要提出來的是節肢動物，節肢動物是動物界中最大的一種，種屬類最多，又可分爲甲殼綱（如蝦、螃蟹）、蛛形綱（如蜘蛛、蠍子）、昆蟲綱（如蜻蜓、蝴蝶、蒼蠅、跳蚤……），可以說水中、陸地、空中均可見其蹤跡。昆蟲是地面上最普遍可見的動物、是唯一能飛的無脊椎動物，但也有不能飛的昆蟲，如跳蚤即是。昆蟲的定義是：身體由頭、胸、腹三部位所構成，具有六隻腳、二對翅膀、一對觸腳及一雙複眼，一般人往往誤認蜘蛛是昆蟲，其實蜘蛛有八隻腳，其他如：又稱之爲百足蟲的蜈蚣、屬環節動物的蚯蚓、小型爬蟲類的壁虎、軟體動物的蝸牛，均常被誤認爲昆蟲。

　　其實以上的分類是根據動物間的異同關係，爲人類探究的方便，而加以組織分類，因此，吾人若在無脊椎動物之下，作如是分類亦可：

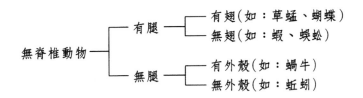

無脊椎動物 ─┬─ 有腿 ─┬─ 有翅（如：草蜢、蝴蝶）
　　　　　　　│　　　　└─ 無翅（如：蝦、蜈蚣）
　　　　　　　└─ 無腿 ─┬─ 有外殼（如：蝸牛）
　　　　　　　　　　　　└─ 無外殼（如：蚯蚓）

　　對幼兒而言，記憶軟體、哺乳、腔腸、節肢……等如此多的類別名詞實在無多大意義，只要幼兒能對各種動物發生興趣，大致能分辨脊椎與無脊椎動物，以及常見的哺乳、昆蟲、魚、鳥類，並能依自己的觀察所見作有意義的分類，理解動物種類實在繁多，即達到教學的目的。舉例而言，有些幼兒可能會根據動物明顯外型將動物劃分為：大大類（海馬、大象）、有殼類（蝸牛、烏龜、蚌）、有翅膀類（鳥、蝴蝶）、有腿類（狗、猴）、有羽毛類（雞、鴿子）、小小類（蚊子、螞蟻）、多腳類（章魚、蜘蛛、蜈蚣）；有些幼兒可能會依動物的活動地點，將動物分為天上飛的、地上走的（爬的）、水裡游的；甚至有幼兒會依拜訪動物園的經驗，將動物分為可愛動物、凶猛動物、鳥類、沙漠動物、極區動物……。

　　至於動物種類與特徵概念的活動設計，可以由上述大的類別著手，比較其間之異同，亦可就同一類之間加以比較，如：狗就有各種不同品種，柴犬、大麥町、柯卡、西施等，每一種品種之體型、臉型長相均不相同；常吃的魚類如鯧魚、鱸魚、吳郭魚、吻仔魚、秋刀魚等之外形亦差之甚遠。主要的目的在讓幼兒接觸形形色色、各有特徵的動物世界，感受大自然的神奇與偉大。

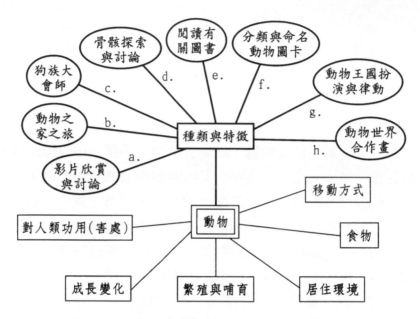

圖 5a-1　動物主題概念網絡活動圖⑴：種類與特徵

a.影片欣賞與討論・b.動物之家之旅

探索目標：藉實際經驗，理解動物種類繁多，且各有特色，感受大
自然的神妙。

進行方式與注意事項：

1. 教師於放映影片前，首先以一些問題讓幼兒於觀賞影片時有焦點
並且能專心。例如：「你看到了哪些動物？」、「所有的動物都
是四隻腳嗎？」、「所有的動物都會走路嗎？」、「所有的動物
都像狗一樣有毛嗎？」。

2. 影片欣賞結束後，教師儘量讓幼兒發表影片中所見動物，並且將
影片前所提之問題再次提出討論。最後詢問幼兒：「到底有多少
種不同的動物？」請幼兒描述並比較每種類間的異同，教師再作
統整、歸納，引導幼兒理解動物種類繁多，且各有特徵。

3. 影片觀賞後，讓幼兒實地拜訪動物之家，包括動物園、寵物店、鳥店、水族館等，經驗愈多愈好，讓幼兒實地理解動物種類繁多概念，且即使是同屬鳥類（魚、狗……）亦大有差異。返園後的團討分享時間，教師再將幼兒經驗作一統整。在課程安排上，亦可先赴動物之家，再觀賞影片。

c. 狗族大會師

探索目標：藉實際經驗，理解動物種類繁多，且各有特色，即使是同類動物間，亦有差異。

進行方式與注意事項：

1. 教師安排寵物狗店之旅，讓幼兒認識各種品種的狗，如：約克夏、瑪爾濟斯、聖伯納、吉娃娃……。如若有所困難，則請家長幫忙，攜入至少二種不同品種的狗於團討中分享，或配合一些狗兒圖卡或百科全書。

2. 教師詢問幼兒狗兒間的異同處，先請幼兒自由發表。如果幼兒只作表像的體型大小與顏色區分，教師可以問還有什麼地方不一樣？進一步引導幼兒注意尾巴、耳朵等細微處的差異。像狗的耳朵就有很大的差異，有的是垂耳、有的是立耳、有的則為半立耳（圖5-2,5-3,5-4）。

3. 教師再用各種狗兒圖卡，讓幼兒描述並比較異同點。最後教師將幼兒經驗作一統整。

4. 本活動亦可改成「魚族大會師」（圖5-5,5-6,5-7）。同樣的，如果水族館之旅無法成行，教師可準備幼兒常吃的鯧魚、鱸魚、吻仔魚、吳郭魚等，和幼兒一起進行團討分享，比較魚兒間的異同處。當然，本活動亦可改成「鳥兒大會師」。無論是狗、魚、鳥，重要的是要提供幼兒具體的經驗，讓幼兒觀察、比較，以利概念的理解。

圖5-2　狗族大會師⑴：柴犬（狗與狗間差異極大）

圖5-3　狗族大會師⑵：馬爾濟斯（狗與狗間差異極大）

圖5-4 狗族大會師(3)：大麥町（狗與狗間差異極大）

圖5-5 魚族大會師(1)

圖5-6 魚族大會師(2)

圖 5-7　魚族大會師(3)

d.骨骼探索與討論

探索目標：藉實際經驗，理解動物大致可分為脊椎與無脊椎兩類。

進行方式與注意事項：

1. 教師準備人體骨骼模型、雞的骨骼或魚的骨骼（如無人體骨骼教具，儘量攜入雞或魚的骨骼，手扒雞剔除肉絲即成完整骨骼、魚去肉後留存完整骨骼），與幼兒討論。

2. 教師請幼兒觸摸自己身體背部的中央處，詢問其感覺如何？再由頸背處往下摸至臀部尾端，感覺如何？然後讓幼兒輪流觸摸雞的脊椎骨，將二種經驗對照討論。

3. 教師再以「所有動物都有硬硬的脊椎骨嗎？」、「蚊子、毛蟲、蚯蚓、蚵仔、蝦……有硬硬的脊椎骨嗎？」引發幼兒發表與討論。如若教室中有天竺鼠、兔子、狗等寵物，可讓幼兒觸摸驗證。最後教師作一統整，引導幼兒理解動物大致可分為脊椎動物與無脊椎動物二大類。

f.動物圖卡分類與命名

探索目標：藉由分類與命名動物圖卡，理解動物植物、種類繁多。

進行方式與注意事項：

1. 教師出示幼兒於報章雜誌中剪下的各類動物圖卡、或市售現成卡片、或自行繪製（圖5-8），請幼兒逐一命名，然後請幼兒將相同的放在一堆，可以分作好幾堆。

2. 當幼兒分類完後，教師詢問幼兒堆與堆間之差異處，即探詢其分類的標準。教師容許個別幼兒間不同的分類標準，然後鼓勵幼兒用不同的分類標準再行分類。最後教師再行統整各種分類方式，例如：依移動身體的方式分類（爬、走、飛、游、跳⋯⋯）、依軀體外型分類，有殼、有毛、有翅⋯⋯）、依活動地點分類（地面、地底、水中、天上⋯⋯）。

3. 此一活動適合小組活動進行，亦可置於學習角，讓幼兒個別探索。

圖5-8　動物圖卡

┣━━━━ g.動物王國扮演與律動・h.動物世界合作畫 ━━━━┫

探索目標：藉肢體律動或繪圖表徵動物種類繁多且各有特性的概念。

進行方式與注意事項：

1. 教師自編「動物王國」故事，故事角色強調動物王國中形形色色的動物，如：有的背著重重的殼、吃力地移動身體（蝸牛、龜），有的身上長滿羽毛、會飛上天空（鳥、天鵝），有的有好多隻腳（章魚、蜈蚣），有的好重好大（大象、河馬），有的卻又好小好小（螞蟻、蚊子），有的……

2. 請全體幼兒先一一扮演以上各具特色動物，以肢體動作表現其特色，然後讓幼兒挑選喜歡的角色，隨著故事情節律動。如雨後的黃昏，蚯蚓爬到菜園裡，遇到了蚱蜢和蝸牛，主人家的小花狗用爪子去抓蚱蜢，蚱蜢跳來跳去，結果把小鳥嚇到了，趕快飛走……如果時間允許，可將此活動與美勞活動結合讓幼兒自製服裝、道具（如：羽翅、龜殼等）。

3. 整個動物種類與特徵概念的活動，可以用合作繪畫動物世界，予以統整。幼兒在繪畫過程中，如僅著重某些動物，教師可用言語或問話引導幼兒將焦點擴及其他種類動物，將其繪出。

二、移動方式

　　從動物移動身體的方式，亦可將動物劃分為不同的類別。探究動物移動的方式，不但可增加該種動物的理解，且對於動物種類繁多、各有特徵的概念，亦有所助益。舉例而言，有的動物有腿是用走的方式移動身體，但同樣是有腿的動物，有的用跳躍方式（如：袋鼠、兔子、青蛙）；有的動物有翅膀是用飛的，但同樣是有翅膀動物，卻有的已退化不能飛（如：雞、駝鳥、企鵝）；有的動物用游的方式移動身體，如水中的魚，但可在陸地活動的青蛙、走得東倒西歪的企鵝、蝸蝸慢行的烏龜也會游泳；有的動物在陸地爬行，

如蛇、鱷魚，它們同時也可在水中行動；同樣是昆蟲，有的可在水面滑動自如（如水黽）、有的可以飛、有的可以飛又可以走、有的用跳躍的（如螳螂、跳蚤）。

當然，影片欣賞與討論是獲得經驗知識最快速的來源，除此之外，幼兒教師應讓幼兒實際觀察並比較動物移動的方式，在觀察探究的過程中，儘量以問題引發幼兒進一步的探索。如：「螃蟹是用哪一個部位移動身體？」、「它可以在哪些地方移動？」、「它移動身體的方式跟人類一樣嗎？」、「它和人類不一樣的地方在哪裡？」；再如「螳螂和蚯蚓移動身體的部位與方式一樣嗎？」「它不一樣的地方在哪裡？」；又如「小烏龜和金魚移動身體的部位與方式一樣嗎？」「它不一樣的地方在哪裡？」。探索動物移動身體的方式可以由園野「動物尋寶」活動開始，在草地上、石頭縫底、花叢草樹間、樹幹上尋找正在活動的昆蟲或動物，實地觀察並探究，最後可帶回課室置於昆蟲箱中，以供進一步觀察與探索。教室中若有水族箱、寵物籠、鳥籠、昆蟲箱對幼兒概念的理解確大有幫助。值得注意的是，觀察過後，應將昆蟲放回原所棲息之處，讓幼兒從小養成愛護動物之心。

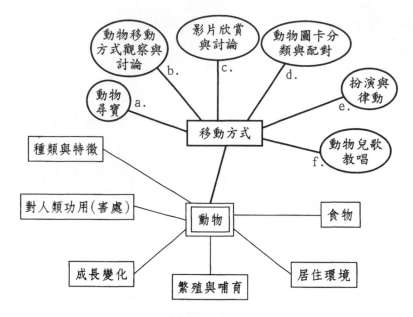

圖 5a-2　動物主題概念網絡活動圖⑵：移動方式

┣━━━━ a.動物尋寶・b.觀察動物移動方式與討論 ━━━━┫

探索目標：藉具體經驗，引發幼兒對動物移動方式的探索並比較。

進行方式與注意事項：

1. 教師將幼兒帶至園中綠地或野外之處，以「在哪裡可以發現動物？」引起動機，引發幼兒四處尋找動物。

2. 若幼兒的注意力僅在於花間蝴蝶、樹葉上的毛蟲、或枝椏上的小鳥，教師不斷地詢問幼兒：「還有哪裡有動物？」將幼兒焦點引導至草叢中、地面上、石頭縫底，並協助幼兒探索，如：幫忙挖蚯蚓、搬開大石頭等。

3. 如發現動物，請幼兒仔細觀察每種動物移動身體的方式。若欲將尋獲寶物帶回教室，則儘量連同其棲息的枝葉一同摘取（如：毛蟲、瓢蟲），或泥土一併帶回（蚯蚓、螞蟻），以提供原生態環境，有利於觀察活動的進行。

4. 教師請幼兒仔細觀察所帶回置於昆蟲飼養箱中之動物如何移動身體，如教室原本就有水族箱、寵物則請幼兒一併觀察，比較不同動物間移動身體的「部位」與「方式」之異同（有些動物如蝸牛、蚯蚓可置於玻璃板上，讓幼兒從底部更清楚地觀察其移動方式）。在幼兒觀察探索的過程中，教師要以各樣問題讓幼兒的觀察有焦點。如：「小烏龜是用什麼部位移動身體？怎麼移動？」、「金魚呢？」、「小烏龜和金魚移動身體的部位、方式有什麼不同？」

d. 動物圖卡分類與配對

探索目標：藉由分類活動，促進對動物移動方式的理解。

進行方式與注意事項：

1. 教師出示幼兒於報章雜誌中剪下的各類動物圖卡、或市售現成圖卡、或自行製作，請幼兒將移動方式一樣者放在一堆，可以分為好幾堆。

2. 當幼兒分類完成後，教師詢問幼兒堆與堆間之差異處，即探詢其分類標準，然後再作統整。

3. 此一活動適合小組活動進行，亦可置於學習角，讓幼兒個別探索。

4. 分類活動亦可改成配對活動，即教師出示小鳥、魚、兔子等動物，請幼兒在圖卡中尋找與小鳥（或魚、兔）移動身體方式一樣的動物。

e. 扮演與律動・f. 動物兒歌教唱

探索目標：藉扮演、律動、歌謠等表徵動物移動身體的方式。

進行方式與注意事項：

1. 此處的扮演與律動強調的是不同動物的移動身體方式，有爬的、走的、游的、飛的、跳的等，教師以故事情境引導幼兒扮演與律動，如：春天的花園裡，蝴蝶飛舞、毛蟲蠕動、蚯蚓鑽出地面、小白兔跳了出來，嚇到了小貓與池塘邊的烏龜……。

2. 教師先讓全體幼兒一一扮演某一動物，然後再由幼兒選定自己喜

歡的角色配合故事情節自由律動。在律動過程中允許幼兒有創意表達的機會,並非全體劃一或按照老師的示範動作。

3.許多動物兒歌描繪出鮮活的移動身體方式,如:魚兒水中游、小蜜蜂、小青蛙、小毛驢……,幼兒一面歌唱,一面學該動物移動軀體,對概念理解頗有助益。

三、食物

　　從動物的食物內容,亦可將動物劃分為不同的類別。探究動物之食物,不但可促進對該種動物的認識,且對於動物種類繁多、各有特徵的概念,亦有所助益。同樣是昆蟲,有的昆蟲吸吮樹汁(獨角仙、金龜子)、啃食葉片(蝸牛、蝴蝶幼蟲),有的昆蟲則捕食其他昆蟲,如:蜻蜓捕食蝴蝶,螳螂捕食蟬。同樣是哺乳類動物,有的是草食性(羊、牛、馬)、有的是肉食性(虎、獅、豹)、有的則是雜食性(雞、鴨、熊),甚至母體、幼體食性大異,如蝌蚪,是以水中的藻類或微小植物為主食,蛻變為青蛙,則以小昆蟲為主食,是個肉食主義者。

　　動物影片觀賞與閱讀有關圖書是獲致動物覓食與食物之最速方法,此外,幼兒教師應讓幼兒實地餵食、觀察,並比較動物食性之異同,在觀察探究的過程中,儘量以問題引導幼兒深入探索,如:「螞蟻吃什麼東西?」、「除了糖之外,還吃什麼東西?」、「蝸牛吃肉嗎?」、「鳥除了吃穀類外,還吃什麼東西?」、「狗和兔子吃的東西一樣嗎?」。以上所提的這些動物均是很容易觀察得到的,也很適合置於幼兒教室中,供幼兒預測、實驗、作結論。此外,實地到園野中觀察螳螂、蜘蛛、青蛙、蝴蝶、螞蟻等動物如何捕食獵物或覓食,也是很有趣的活動。最後從動物吃植物,然後又被其他動物進食的一連串吃與被吃的事實,就形成了所謂的「食物鏈」概念,亦可以為幼兒理解「動、植物關係」作預備,如:蝸牛

吃草、鳥吃蝸牛、蛇吃鳥、鷹吃蛇等。

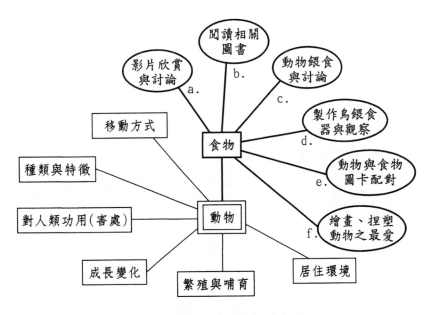

圖 5a-3 動物主題概念網絡活動圖(3)：食物

c.動物餵食與討論

探索目標：藉親手餵食，增進對動物食性的認識。

進行方式與注意事項：

1. 前述動物尋寶活動中，除觀察動物移動方式外，如：螳螂、青蛙、蜘蛛、螞蟻、蝴蝶等，亦可觀察其如何捕食或覓食。所帶回之動物，置於飼養箱中讓幼兒親手餵食，教師應以問題引導幼兒探索，如：「蝸牛吃肉嗎？」「牠除了吃白菜外，還吃什麼？」讓幼兒經歷預測、實驗、作結論程序，像螞蟻即是很好的觀察與實驗動物。

2. 教室內或園內若有寵物如：小白兔、小狗、鳥、烏龜等，亦可讓幼兒親手餵食與觀察。教師可進一步讓幼兒比較不同動物的食性差異。

3.平日中若偶然發現牆角的蜘蛛與蜘蛛網，請抓住機會，讓幼兒觀察與討論其如何捕食。

4.最後教師將幼兒的觀察經驗作一統整，引導幼兒理解各種動物之食物不同。

d.製作鳥餵食器與觀察

探索目標：藉親手製作的鳥餵食器，實際觀察鳥兒覓食。

進行方式與注意事項：

1.教師準備喝過的大型盒裝牛奶空盒，幫助幼兒裁成可裝置食物及穿有掛鉤的餵食器，幼兒可在餵食器上彩繪或用色紙拼貼。

2.將完成的餵食器，掛在窗口或園內樹梢處，內置以穀類食物，讓幼兒觀察鳥兒駐足覓食。餵食器上亦可擺放幼兒所預測的其他種食物，然後觀察鳥兒是否進食？

e.動物與食物圖卡配對・f.繪畫、捏塑動物之最愛

探索目標：促進幼兒對各種動物之食物之理解。

進行方式與注意事項：

1.教師出示幼兒於報章雜誌中剪下的各種動物圖卡及動物喜歡吃的食物圖卡二套（或市售現成圖卡、或自行繪製）。

2.教師請幼兒配對每一種動物所喜歡吃的食物，如：鳥－小米、小蟲，蝸牛－嫩葉、白菜，兔子－紅蘿蔔，蜘蛛－蚊子，羊－草等。

3.教師亦可請幼兒將動物按其所吃食物性質分為草食性、肉食性或雜食性。

4.本活動適合小組活動以及學習角個別活動。

5.教師亦可讓幼兒將各種動物喜歡吃的食物繪出或用黏土捏塑出來。

四、居住環境

　　從動物居住的家（環境），亦可將動物劃分為不同的類別。探

究動物的居住環境，不但可強化對該等動物之認識，且對於動物種類繁多、各有特徵的概念，亦有所助益。有些動物居住在寒帶凍地、有些動物住在潮濕沼澤、有些動物住在森林或草原、有些動物則住在沙漠乾燥區；有些動物住在水裡、有些動物住在陸地、有些動物則住在地底下。此外，動物也會蓋自己的家，如蜜蜂的六角形蜂窩、鳥類爲哺育下一代的鳥巢、螞蟻的地下蟻窩或高於陸地的蟻家等。幼兒教師除可利用圖書、影片，觀看動物的生長環境與巢穴外，應多提供幼兒直接經驗，例如野外尋找並觀察螞蟻的蟻窩（道）、鳥巢、蜂窩、蜘蛛網、寄居蟹與其殼等。

　　幼兒教師除利用圖書、影片，觀看動物的生長環境與巢穴外，應多提供幼兒直接經驗，例如野外尋找並觀察螞蟻的蟻窩（道）、鳥巢、蜂窩、蜘蛛網、寄居蟹與貝殼等。

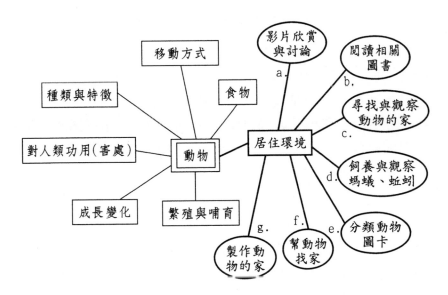

圖 5a-4　動物主題概念網絡活動圖(4)：居住環境

c.尋找與觀察動物的家

探索目標：促進對動物居住巢穴的認識與探究興趣。

進行方式與注意事項：

1. 教師將幼兒帶至園內空地、或附近公園、或鄉野綠地，以各種問題，引發幼兒尋找各種動物與其巢穴（家）。例如：「看誰能找到螞蟻？螞蟻的家在哪裡啊？」幼兒就會四處尋找螞蟻，追蹤螞蟻的住所。松鼠窩、鳥巢、蜂窩、蜘蛛網等均可以是幼兒尋找的對象。

2. 透過家長的幫忙，攜入拾獲的鳥巢、蜂窩等，並提供放大鏡讓幼兒觸摸與觀察。在觀察過程中，教師儘量以問題讓幼兒的觀察有焦點，如：「鳥窩是用什麼做的？怎麼做的？」。

d.飼養與觀察螞蟻（蚯蚓）

探索目標：促進對螞蟻（蚯蚓）居住環境的理解。

進行方式與注意事項：

1. 在前個活動中，幼兒觀察到螞蟻往地面下鑽，為了讓幼兒更加理解螞蟻的地下居所，教師可與幼兒一起挖些泥土與螞蟻帶回教室飼養與觀察，不但可促進螞蟻居所的了解，亦可了解螞蟻的食性。

2. 教師準備透明玻璃罐或塑膠罐（如海苔片罐），將泥土裝滿罐子的三分之二，然後撒入一些麵包屑，用黑色海報將海苔罐四面包好，讓罐內成有如地底的黑暗世界，螞蟻可盡情在裡面挖地道築窩。

3. 經過一段時間後，打開海報紙讓幼兒觀察螞蟻的地下巢穴。在整個過程中，讓幼兒經歷預測、觀察、驗證、推論的科學程序能力。

4. 亦可以同樣方法觀察蚯蚓的地下居所，建議使用一層泥土，一層白灰（如粉筆灰）相間，一段時間後讓幼兒觀察泥土與白灰的變化，以利幼兒理解蚯蚓能鬆土，對農耕有利。

e.分類動物圖卡・f.幫動物找家

探索目標：促進對動物居住環境之理解。

進行方式與注意事項：

1. 教師出示各種動物圖卡，請幼兒把居住環境一樣的動物放在一堆，可以分爲好幾堆。分類標準如：森林草原、海洋水中、寒冷極區……。

2. 此一活動適合小組活動進行，亦可置於學習角，讓幼兒個別探索。

3. 「幫動物找家」的活動是教師先繪製簡單的居住環境與巢穴圖，如：海洋、陸地、草原、池塘、樹上（鳥窩）、樹幹（松鼠穴）等，並準備動物圖卡，請幼兒將動物圖卡安置於其適當的居住環境或巢穴（圖5-9）。

圖5-9　幫動物找家遊戲

g.製作動物的家

探索目標：促進對動物居住巢穴的認識與探究興趣。

進行方式與注意事項：

1. 教師準備撕成條狀的報紙、野草、禾莖、黏土等材料，讓幼兒自

行取用，製作動物的家。如：鳥巢、蜂窩、螞蟻窩。

2. 教師亦可準備黑的毛線，讓幼兒在白紙上構圖、黏貼成蜘蛛網。

3. 在製作前，教師最好能提供實物，在過程中，要不斷地以問題刺激幼兒思考各種動物家的特色。如：蜘蛛網是什麼形狀？蜂窩是什麼形狀？要怎麼做才會像？

4. 最後請幼兒分享自己的作品。

五、繁殖與哺育

生物繁衍後代的方式，有「無性生殖」與「有性生殖」二種方式。無性生殖大致有幾種方式：(1)分裂生殖（如變形蟲）；(2)出芽生殖（如水螅）；(3)再生生殖（如渦蟲、海星）；(4)孢子生殖（如黑黴）；(5)營養繁殖：高等植物利用根、莖、葉繁殖後代。行有性生殖，生物之精子與卵子必相結合，卵子（受精）才得發育。受精卵於母體中發育，由臍帶和胎盤獲得母體營養，最後由母體產生，謂之胎生；受精卵（可能是體內受精，也可能是體外受精）在母體外成長，再行孵化（由父或母方，或二方輪流）者，謂之卵生。此外，還有一些動物屬卵胎生。胎生動物之母體在胎兒產出後，會分泌乳汁，哺乳幼體，故又稱之為哺乳動物，哺乳動物通常是胎生，但也有例外，如鴨嘴獸是卵生。卵生動物孵化後通常由雙親為其尋找食物哺育之。

對幼兒而言，卵生與胎生並不難理解，大肚子的阿姨、媽媽或老師即為幼體在母體中成長的例證，小嬰兒或每個小朋友身上都有肚臍，它是母體相連的痕跡。由身邊的寵物開始探索，詢問幼兒小狗有沒有肚臍？還有那些動物有肚臍？鳥有肚臍嗎？相信小朋友一定急著想一探究竟發現答案。雞蛋、鴨蛋隨手可得，若有鳥類（或雞）孵蛋與小狗出生（或小嬰兒出生）的影片或書籍，更能促進概念之理解。

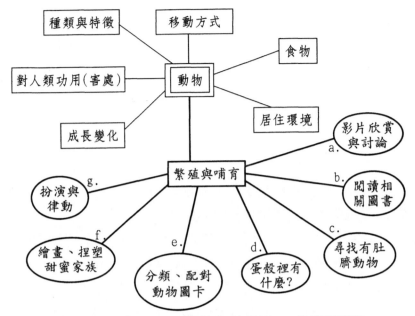

圖 5a-5 動物主題概念網絡活動圖⑸：繁殖與哺育

c.尋找有肚臍動物

探索目標：增進幼兒對胎生、卵生繁殖方式的理解。

進行方式與注意事項：

1. 教師以「肚臍在哪裡？」引起幼兒探索的動機。當幼兒撫摸自己的肚臍時，老師續問：「肚臍長得什麼樣子？它摸起來感覺怎麼樣？」、「肚臍是做什麼的？」，儘量讓幼兒發表舊經驗，如：肚臍凹下去，肚臍皺皺的……

2. 教師出示懷孕孕婦的照片，因勢利導，向幼兒說明肚臍即是幼體與母體相連的管子，經出生剪斷後形成的痕跡。

3. 教師再以「哪些動物和人一樣，是從媽媽肚子生出來，有肚臍的？」請幼兒發表舊經驗。然後以教室內的狗、貓、兔寵物讓幼兒撫摸、尋找有無肚臍，以驗證之。

4.最後教師再以卵生無肚臍動物如：鳥、魚、青蛙等，詢問幼兒有
　無肚臍？引導幼兒理解有些動物會產「蛋」（最好能出示鳥蛋、
　雞蛋），在母體外成長孵化，即為卵生。

d.蛋殼裡有什麼？

探索目標：藉實際觀察，引起對蛋的探究動機。
進行方式與注意事項：
1.教師準備雞蛋數枚，以及小雞在受精蛋內一至二十天的成長圖片，
　先向幼兒說明小雞在蛋內的成長變化。
2.教師手持雞蛋以「蛋裡面有什麼東西？」，引起幼兒探索動機。
3.教師先將蛋殼鈍端用剪刀挫破，拿掉碎蛋殼，露出氣室，再挑破
　氣室下殼膜，讓卵白流至容器，最後亦將卵黃流出。
4.然後每組發一個雞蛋，允許幼兒用自己的方式分離蛋殼與殼內物，
　以放大鏡輪流觀察蛋白、蛋黃、繫帶等，並詢問幼兒看到了什麼？
5.最後將步驟1的圖片與觀察物對照，教師作歸納統整工作。

e.分類（配對）動物圖卡

探索目標：藉分類活動，增進對胎生、卵生的理解。
進行方式與注意事項：
1.教師出示幼兒各種動物圖卡（剪報、市售、或自行製作），請幼
　兒將胎生動物與卵生動物分類堆放。
2.此活動適合小組活動或學習角個別探索。
3.置於學習角的操作板上，可繪大肚子的動物（代表胎生）與蛋（代
　表卵生）在板上方，請幼兒從動物圖卡盒中，選取適當圖卡置於
　二者之下。

f.繪畫、捏塑甜蜜家族‧g.扮演與律動

探索目標：藉表徵活動，促進繁殖與哺育概念的理解。

進行方式與注意事項：

1. 教師準備黏土、各種彩繪用具，讓幼兒自行創作甜蜜家族，例如：以黏土捏出父鳥、母鳥與子鳥、以及鳥蛋；或繪出媽媽懷孕之全家樂等。

2. 教師亦可以故事情境引導幼兒扮演甜蜜家族，例如：母鳥孵蛋、以小蟲餵食子鳥，母狗生產小狗、小狗窩擠在母狗軀下吸吮母奶，懷孕媽媽經歷產子、哺乳過程等。

3. 扮演與律動可以是全班性活動，也可以是學習角娃娃家遊戲。

六、成長變化

　　有些動物在其出生至成體的成長過程中有截然不同的外觀，此種具有差異性的成長變化過程，即為吾人所謂之「變態」。變態大致可分為漸進變態、不完全變態和完全變態三種。茲以昆蟲為例，說明三種變態：

- 漸進變態：幼體的形態、生活習性大都與成體若似，惟小部分器官尚未完全發育，須經數次脫皮方能長大成熟，如螳螂、蟑螂、蝗蟲均屬之。

- 不完全變態：幼體的形態、生活習性與成體大異其趣，但在成長變化過程時，並不經「蛹」的蛻變階段，如蜻蜓，其幼蟲叫水薑，生活於水中，以水中生物為食，並以鰓呼吸。

- 完全變態：幼體的形態、生活習性與成體大異其趣，並且經戲劇化的破蛹蛻變過程，如蠶變蛾，毛蟲變蝴蝶。

　　幼兒對自身最為關心，由自身的成長變化談起，再擴及於其他動物的成長變化，對幼兒最有意義。像蠶與蝌蚪很容易獲致，是觀察動物變態最直接的方法，親身體驗比間接透過半具體的圖片要來得深刻。唯蝌蚪已蛻變為青蛙時，要加入石頭於飼養箱中，讓兩棲的青蛙可以悠然自處。

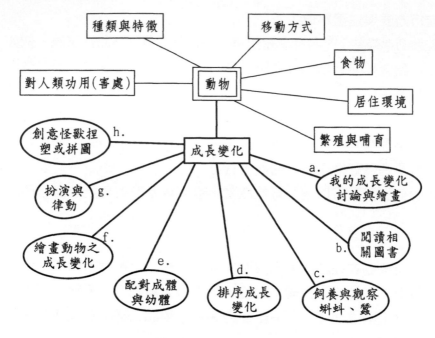

圖 5a-6　動物主題概念網絡活動圖⑹：成長變化

---

a.我的成長、變化討論與繪畫

探索目標：藉由自身成長變化，促進對成長變化的認識。

進行方式與注意事項：

1. 教師將某位幼兒甫出生至目前的照片出示全體幼兒，請其猜猜看是哪一位幼兒？（活動前，請家長配合讓全班幼兒攜入成長照片）。

2. 教師詢問幼兒照片上每一階段的變化，即與前一階段比較之不同處？若有其他幼兒欲分享照片者，亦詢問同樣之問題。

3. 最後教師請幼兒將自己從出生至今之成長變化繪出（可對照照片），並作一統整。

c.飼養與觀察蝌蚪、蠶

探索目標：藉實際經驗，認識動物的蛻變。

進行方式與注意事項：

1. 教師請家長幫忙，攜入蝌蚪或蠶，讓幼兒飼養。
2. 在飼養過程中，教師不斷地以問題給予幼兒觀察焦點，如：「注意看，小蝌蚪（蠶）的身體有什麼變化？」、「你們猜是後腳先長出來，還是前腳呢？」、「牠蛻了幾次皮？」、「吐絲之後變成什麼？」。
3. 在幼兒觀察過程中，鼓勵幼兒作觀察紀錄，畫下每個階段的成長變化。
4. 最後以團討方式，讓幼兒描述整個成長變化歷程，教師再加以統整。

d.排序成長變化・e.配對成體與幼體

探索目標：藉排序、配對活動，認識動物的蛻變。

進行方式與注意事項：

1. 教師從報章雜誌剪下蝌蚪變青蛙、毛蟲變蝴蝶、蠶變蛾的蛻變過程圖片（或使用市售、或自繪）。或可使用上個活動飼養過程中所攝的照片，更為逼真。
2. 教師讓幼兒排列從幼體變化至成體的順序（圖 5-10），或者是教師出示成體（或幼體），請幼兒在圖卡中找出其幼體（成體）與之配對。
3. 此活動適合小組活動或學習角個別活動。

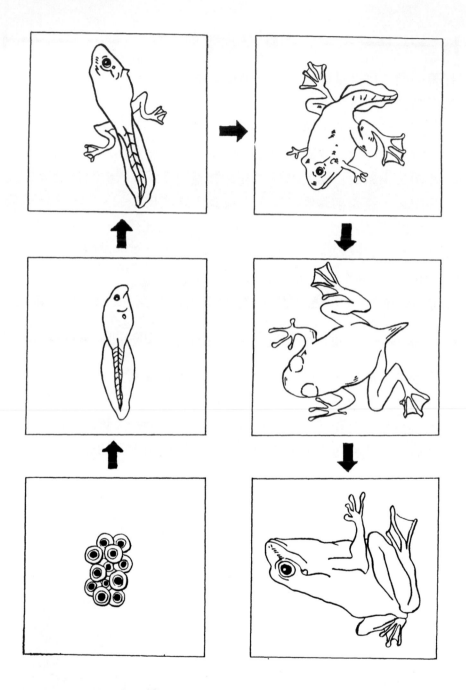

圖5-10　排序成長變化圖

├────── f.繪畫動物之成長變化 • g.扮演與律動 ──────┤

探索目標：藉表徵活動，增進對動物成長變化的認識。

進行方式與注意事項：

1. 教師請幼兒將蝌蚪變青蛙、蠶變蛾、毛蟲變蝴蝶的過程具體繪出。

2. 在繪畫過程中，教師引導幼兒思考前後成長變化，如：「第一、二天時，看起來怎麼樣？再來呢？它的身體有什麼變化？再來到最近呢？」。如果幼兒無法繪出，請其將觀察紀錄參考對照加以繪畫。

3. 扮演動物蛻變過程，可以是全班性活動，教師慢慢敘說每一個變化過程，如：「先長出後腳」、「再長出前腳」、「尾巴脫落」、「靜眠了幾次」、「蛻皮了幾次」、「吐絲作繭」、「由蛹變蛾」……，幼兒則以肢體動作扮演之；再配合一些情節，讓幼兒律動，如：「在水中游得很快樂」、「跳到大石頭上了」。扮演活動也可以是在學習角（娃娃家），幼兒主動遊戲扮演。

├────── h.創意怪獸捏塑或拼圖 ──────┤

探索目標：發揮創造力，建構想像中的怪獸。

進行方式與注意事項：

1. 教師以「有一隻大怪獸生了小怪獸，小怪獸又經成長蛻變，最後變成超級怪獸。」的故事，引導幼兒用黏土捏出小怪獸、蛻變階段中的怪獸、超級大怪獸。

2. 幼兒分享其成品時，教師詢問每個蛻變階段的怪獸有何顯著特徵？即怪在哪裡？如：有特長捲曲的鼻子，有刺刺的鋼毛，有十條腿……，以及每一個階段和前一個階段不同處在哪裡？

3. 本活動亦可用報章雜誌上所剪下的各種動物圖片，將其部位肢解，讓幼兒任意組合，如獅面鳥身、魚尾怪獸，讓幼兒充份發揮想像力。

七、對人類功用（害處）

　　動物對人類貢獻極大，人類每日生活之食、衣、行均有賴動物
的供給，此外，動物還替人類工作分勞、陪伴人類為人類寵物、以
及娛樂人類：

食：每日所吃的牛肉、豬肉、雞肉、鴨肉、魚、蝦，均為動物，所
　　喝之奶亦取之於動物，以及各種蛋類亦源自於動物，此外，蜂
　　蜜亦為重要食品。

衣：動物之皮毛供給人類華貴的皮草、皮帶、皮包、羊毛衣等，蠶
　　絲所織之衣料被褥亦常為人類所用。

行：馬、駱駝、牛、驢等常成為人類代步的工具。

工作：牧羊犬可看管羊群、導盲犬服務盲胞、警犬協助辦案，此
　　　外，在農莊裡牛、馬常為人類分勞工作。

陪伴：許多狗、貓、鳥、兔成為人類的寵物、陪伴人類。

娛樂：動物園的各類動物成為假日吸引人潮遊樂的中心、馬戲團動
　　　物秀表演、海洋公園水中動物表演，增添人類快樂的情緒。

裝飾：貝殼、珍珠、珊瑚等是女性裝扮的寵物，也是小藝品的重要
　　　材料。

　　此外，像蚯蚓可鬆土利於人類耕種，鳥吃對人類有害的蚱蜢，
均為人類帶來好處。然而有些動物對人類卻是有害的，像虎、獅、
豹等猛獸人類唯恐避之不及，有毒的蛇、蠍、蜘蛛，亦十分讓人害
怕，此外，像麻雀吃穀類植物，亦使人類頗感頭痛。家裡常見的
蚊、蠅、蟑螂、跳蚤等昆蟲以及老鼠等為人類帶來細菌，被其叮
咬，帶來疼痛與疾病。

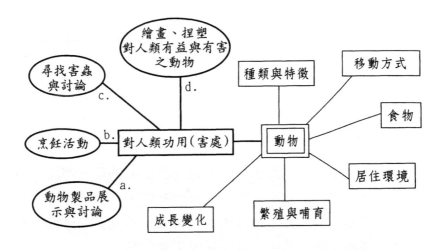

圖 5a-7　動物主題概念網絡活動圖⑺：對人類功用(害處)

⊢━━━━━ a.動物製品展示與討論 ━━━━━⊣

探索目標：促進幼兒認識動物對人類之功用。

進行方式與注意事項：

1. 教師與幼兒共同討論動物對人類的益處或功用，儘量讓幼兒發表。
2. 在幼兒發表過程中，若有幼兒提出某一類功用的某一項，例如食用中的雞肉，教師則不斷地刺激幼兒思考：「除了雞肉外，我們還吃什麼動物？」、「除了動物本身外，還有什麼東西和動物有關，是動物製造的，可以讓人類吃呢？」、「除了可當食物外，動物對人類還有什麼好處、功用？」。
3. 在討論到動物製品時，教師適時拿出一項製品，如皮帶，引發幼兒再思考其他製品。最後將全部預先準備的製品展示，請幼兒發表在那裡可以看到這些製品。
4. 最後，教師統整幼兒所發表的動物對人類功用，並再加以補充。

━━━━━━━━━━━━━━ b.烹飪活動 ━━━━━━━━━━━━━━

探索目標：促進幼兒對動物對人類功用之認識。

進行方式與注意事項：

1. 教師準備雞蛋、蜂蜜、鮪魚罐頭、美奶滋、牛奶，先和幼兒討論這些均是和動物有關的物品。

2. 鮪魚加美奶滋拌勻，調在麵包上成為鮮美的鮪魚三明治，拌勻的工作以及鋪在麵包上均可讓幼兒自行操作。白煮蛋亦可由幼兒放入水中煮熟，由教師撈起待涼後，由幼兒撥開蛋殼成為午餐的重頭戲。蜂蜜檸檬汁或牛奶可以當成午餐飲料。

3. 午餐時分享幼兒自己的佳餚，教師再作簡單的統整。

━━ c.尋找害蟲與討論・d.繪畫、捏塑對人類有益與有害之動物 ━━

探索目標：促進幼兒對有益、有害動物之認識。

進行方式與注意事項：

1. 教師以親子作業方式，請家長協助幼兒尋找人類居住環境中常見的有害動物，如：蒼蠅、蚊子、蟑螂等，並攜至園中分享。

2. 在團討時，教師請幼兒展示所捕獲之害蟲，並請幼兒一一說明在什麼地方發現此種害蟲。

3. 教師將幼兒經驗作一統整，說明害蟲對人類影響（如登革熱），以及環境清潔之重要性。

4. 教師再詢問幼兒，除所攜入動物外，還有哪些動物對人類有害？與幼兒共同討論。

5. 最後請幼兒在教室內、園內尋找害蟲，並清潔環境。

6. 團討過後，教師準備各種繪畫與捏塑材料，讓幼兒表徵對人類有益與有害之動物。

第六章　生存（地球）環境主題
概念與活動設計

　　人類生存的環境——地球，它的表面被許多東西所覆蓋，包括固體的土地形態——高山、平原、峽谷、沙漠、高原、島嶼、峭壁等，約占地表面積十分之三；液體的水域——溪、河、湖泊與海洋等，約覆蓋地表十分之七；以及地表之上許多氣體所圍繞的大氣層。這些覆蓋物不僅形成了美麗的地理景觀，也是人類與萬物賴以維生的場所。幼兒教師應協助幼兒認識與欣賞自然地理景觀，養成愛護大自然環境的情操；而在另一方面，幼兒每日腳踩「土地」（土壤、砂、石頭）、飲用「清水」、呼吸著「空氣」，對於這些事物的特性應有基本的了解。更重要的是這些資源已遭人類自己的破壞，如空氣污染、水資源浪費與污染、水土侵蝕與污染等，如何保護我們的生存環境成為當前重要課題。態度、觀念、習慣、情操的養成非一蹴可幾，吾人以為環保必須從幼兒階段開始做起，納入課程之中。此外，陽光溫暖了地球，它和空氣、水的交互作用與影響形成了天氣狀況，籠罩著地球世界，影響了我們的環境與生活，嚴重的話，甚而形成災害，後果不堪設想，亦應加以探討。

　　綜而言之，生存環境主題有四個主要小主題值得探討：(1)石頭、沙、土壤；(2)水；(3)空氣；(4)天氣，本章擬就此四個小主題分節依次討論之，包括概念要點與活動設計。

第一節　石頭、沙、土

　　地球本身就是一個巨大的岩石，經過歲月與大自然的洗禮，形成了巧妙組合的各種地理景觀。組成岩石的物質有生物遺骸與礦物，岩石經風化作用產生了沙土，石頭、沙與土是地表土地形態的基本成分，涵養萬物、為人類所居住，並可供休憩、欣賞。石頭、沙、土壤對人類貢獻至鉅，幼兒均喜歡玩泥、沙、石，對居住土地的探究是最自然不過的事。適於幼兒探討的基本概念計有：(1)地球成分(地理景觀)；(2)種類與特徵；(3)岩石之消蝕變化：沙、土；(4)用途；(5)土壤侵蝕(景觀破壞)與污染。針對各概念所設計的活動與教材應是具體化、生活化、經驗化，直接探索、嬉戲各種石頭、沙、與泥土，以及旅遊、觀賞各種地理景觀。在幼兒探索的過程中，教師要儘量以各種問題刺激幼兒思考，讓幼兒實際運用觀察、推論、預測、溝通等科學程序能力。

一、地球成分（地理景觀）

　　岩石、沙、土是地球土地形態之主要成分，它形成了各種地理景觀，包括高山、峭壁、峽谷、斷層崖、高原、沙漠、島嶼、平原等。運用相關錄影帶、圖書，或實地參觀，讓幼兒認識與欣賞各種地理景觀，尤其是地理奇觀，必能讚嘆大自然之神偉，培養維護自然環境之心。在探索周遭地理景觀中，幼兒自然能發現與感受其基本成分——石頭、沙、土壤。

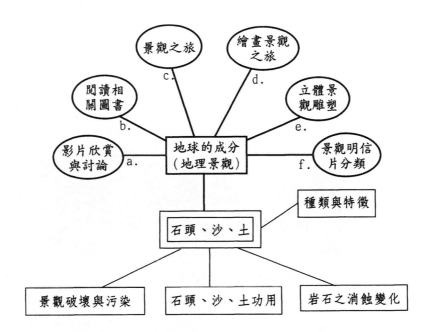

圖 6a-1　石頭、沙、土主題概念網絡活動圖(1)：地球的成分（地理景觀）

┣━━━ c.景觀之旅・d.繪畫景觀之旅・e.立體景觀雕塑 ━━━┫

探索目標：實地欣賞大自然之地理景觀，培養愛護自然情操，並以
　　　　　繪畫、雕塑表徵之。

進行方式與注意事項：

1. 景觀之旅首須注意安全，請義工家長隨行協助。

2. 最好選擇有奇岩怪石之自然景觀，如海邊礁石、峽谷岩壁（圖
   6-1,6-2）。

3. 在幼兒徜徉美麗的景觀時，讓幼兒用手摸摸看、聞聞看、赤腳走
   走看，感受岩石、沙與泥土，教師並將美景攝影或照相，以供回
   園團討、刺激幼兒回憶之用。

4. 回園團討時，教師請幼兒發表景觀之旅的感受，可因勢利導與幼
   兒一起吟唱、讚嘆美麗風景的詩句，將語文教學融入課程之中。

5.團討後，教師請幼兒繪畫景觀之旅所見，教師於繪畫過程中鼓勵
　幼兒思索當日所遊、所見。

圖6-1　奇岩怪石之自然景觀

圖6-2　奇岩怪石之自然景觀

6.教師亦可提供泥土、黏土、沙、各種石頭、通草盤、餅乾盒蓋、
　小布丁盒等讓幼兒將所見景觀雕塑在盒、盤上（例如：泥土堆積
　成小山、大石頭當岩壁、小布丁盒外包泥土成爲湖泊）。容許幼
　兒自行運用各種素材創作，或提供景觀明信片，讓幼兒自行選擇
　任一景觀雕塑之。

─────── **f.景觀明信片分類、配對** ───────

探索目標：藉分類、配對活動，增進對各種自然景觀的認識與欣賞。

進行方式與注意事項：

1. 教師準備國內外各風景區的明信片一式兩三套，或同一景觀、不同角度取景，如：中橫天祥至太魯閣段斷崖風景、花東海岸沿線風景（八仙洞、三仙台）、美國大峽谷等，將其混在一起。請幼兒將相同的放在一堆，並請幼兒說明為什麼這一堆是相同的，尤其是當使用同一景觀、不同角度取景的明信片。
2. 或者是教師先拿出數張明信片一一置於上方，請幼兒在明信片堆中尋找相同的置於其下方，分別配對。
3. 若無明信片，任何旅遊過後之照片，或報章雜誌所剪下的圖片亦可。
4. 本套教材亦可置於學習角，讓幼兒自行分類、配對、或欣賞。

二、種類與特徵

　　岩石的種類繁多、且各有其特徵，依形成過程可分為由生物遺骸、礦物、岩石等碎屑經沉積而成的沉積岩（如：礫岩、砂岩、頁岩、石灰岩）、由熔融狀態的岩漿冷卻固化而成的火成岩（如：花崗岩、安山岩、玄武岩）、與經地層深處壓力與熱影響形成的變質岩（如：大理石、片麻岩、石英岩），隨意撈一把河床或河灘上的小石頭，就可發現鮮有二顆石頭是完全一模一樣的，每顆石頭的顏色、形狀、大小、條痕（粉末的痕跡）、硬度均有所不同（圖6-3）。此外，土壤亦有砂土、壤土與黏土之分，教學目標不在讓幼兒熟記各種石頭或土壤的名詞，主要在讓幼兒浸沐於形形色色石頭與土壤中，感受大自然的神奇，引發其探索的興趣。所以教師應透過家長協助，蒐集各種石頭、土壤、沙展示於團討中，以此為引起動機的活動（活動a）。

圖6-3　沒有兩顆石頭是相同的

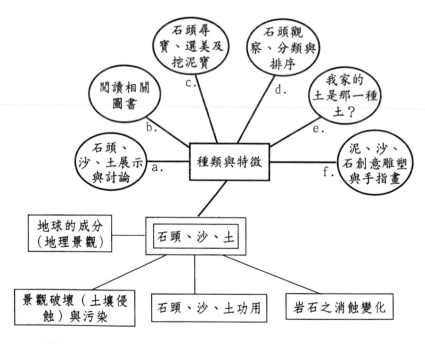

圖6a-2　石頭、沙、土主題概念網絡活動圖⑵：種類與特徵

━━━━ c.石頭尋寶、選美及挖泥寶 ━━━━

探索目標：藉實地尋找（挖）周遭環境中的石頭（泥土），認識石頭（泥土）種類繁多各有特徵。

進行方式與注意事項：

1. 教師將幼兒帶至社區附近的公園、或鄉野之地、或河灘，尋找形形色色的石頭，並帶回園中。

2. 返園後先將石頭清洗乾淨，再進行團討（濕的石頭與乾的石頭有不同的外觀）。

3. 教師請每一位幼兒選出自己尋獲石頭中最漂亮的一顆分享給大家，然後請大家投票哪幾顆石頭最漂亮，並說明為什麼認為它漂亮（例如：因為它黑黑的、上面有白條紋；因為它全是白色的、滑滑亮亮的）。

4. 挖泥寶活動可以是回家親子作業，請家長帶幼兒至家中附近挖掘泥土，在挖的過程中儘量讓幼兒動手，家長在旁協助，因為在挖的過程中可能會有石礫、土塊、鬆土、沙、死的植物夾於其間，有助於泥土是岩石風化而成的概念理解。

5. 幼兒將所挖掘之泥土帶入園中一小杯，在團討中展示，讓幼兒以口語比較各種泥土之不同。

━━━━ d.石頭觀察、分類與排序 ━━━━

探索目標：藉觀察、分類等活動，讓幼兒認識與注意形形色色的石頭。

進行方式與注意事項：

1. 教師將引起動機所展示的各種石頭，以及幼兒所尋獲的各種石頭，讓幼兒以放大鏡觀察、比較石頭的顏色、紋路、大小、形狀等，並請幼兒以指甲、硬幣刮石頭，比較各種石頭的硬度。

2. 充份觀察後，請幼兒將相同的放在一堆。教師容許幼兒的各種不同分類標準，祇要幼兒能說出自己所採用的分類標準，接著建議

幼兒再以不同的分類標準再行分類，最後教師將各種分類標準統整。

3. 教師亦可和幼兒玩配對遊戲，讓幼兒找出與教師手中相同的石頭。

4. 將石頭按大小順序排序或排型式花樣（圖6-4）。

5. 此活動亦可適合於學習區個別探索。

圖6-4　排石頭型式、花樣

e. 我家的土是那一種土？

探索目標：藉觀察、比較認識各種土壤。

進行方式與注意事項：

1. 教師準備黏土、沙土與壤土三種樣本一式數盆（或杯），請幼兒用放大鏡觀察，以手觸摸、聞聞看，並說出三種泥土之不同。

2. 教師囑幼兒將挖泥寶所獲之土與三種樣本比較，並試圖找出家中之土是屬於那一類土。

3. 教師請幼兒發表並說明屬於那一種土之因。

f. 泥、沙、石創意雕塑與手指畫

探索目標：藉雕塑與繪畫，強化對泥、沙、石種類與特徵的認識。

進行方式與注意事項：

1. 教師準備各種泥土、石頭與沙，供幼兒雕塑與作畫。

2. 各種泥土（適度加水）可雕出不同的泥塑，沙加水亦可作成各種

　　沙雕，石頭混合泥土亦可作成石土雕。

3. 泥漿（泥土加大量水）與沙漿（沙加大量水）可以當成手指畫的重要素材，沙漿裡可加入黏膠或色彩造就更好的效果。

4. 石頭可以在水泥地上刻畫，亦有助於岩石之消蝕變化概念之理解（圖 6-5）。

5. 創作過程中，容許幼兒自己加水，試驗各種硬度的泥塑、沙雕及各種濃度的泥漿畫、沙漿畫。

圖 6-5　石頭畫

三、岩石之消蝕變化

　　岩石經風吹、雨打、浪花撞擊及溫度變化的影響，會碎裂、疏鬆、剝落細小的碎塊，成為砂粒與泥土，這種消蝕變化的過程稱之為「風化作用」。例如沙漠中的砂岩受強風刮碎，成為尖削的沙粒，河水將山上的石塊沖流下來，石塊相互摩擦碰撞，剝落碎粒，逐漸變小及光滑。所以基本上沙粒是碎裂的石頭，是極小的石頭，而土壤則為碎裂的小石頭（沙粒）與死的植物所構成，均是岩石風化的產物。在教學上，除了運用相關影片，親自赴岸邊、河床、河灘尋找石頭，讓幼兒親手撞擊石頭，觀察所產生的粉末，以及將之與土壤、沙相比較，均有助於概念的理解。

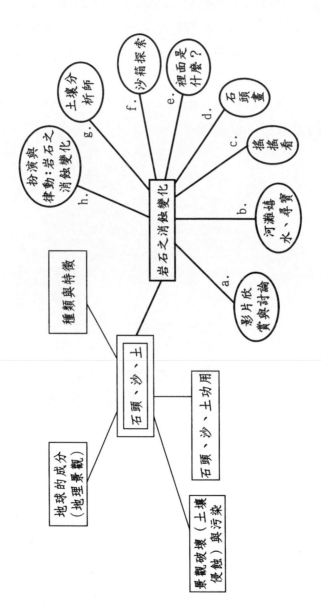

圖 6a-3　石頭、沙、土主題概念網絡活動圖(3)：岩石之消蝕變化

b.河（海）灘嬉水、尋寶

探索目標：藉嬉水、尋寶活動，親身體驗石頭、沙、土的關係。

進行方式與注意事項：

1. 河（海）灘之旅首須注意安全，請義工家長隨行協助。

2. 選擇山中的河灘水淺處、河口入海處，或海灘多石、沙處（圖6-6，6-7）讓幼兒赤足嬉水、尋找石頭；這些地方多大小石頭與沙、土，容易讓幼兒理解石、沙、土關係。

圖6-6　海邊多石、沙處⑴（容易讓幼兒理解石、沙、土的關係）

圖6-7　海邊多石、沙處⑵

3. 在幼兒尋寶過程中，詢問幼兒石頭長得怎麼樣？摸起來怎麼樣？
為什麼會這樣？並將幼兒的注意力引至水流、浪花與石頭沖滾撞
擊，請幼兒注意看河中央滾滾大水與淺水處之大大小小的石頭，
河灘的沙粒與泥土，或者是海中的礁石（圖6-8），海灘的沙、石。

圖6-8　海灘礁石

4. 將所拾獲的寶貝攜回園中，展示於團討中，進行石頭選美活動。
5. 教師作一統整，指著圓而滑的大、小石頭、碎石、沙粒，說明沙、
土與石頭間的關係。

c.搖搖看・d.石頭畫

探索目標：親身體驗石頭之消蝕變化。

進行方式與注意事項：

1. 將數顆石頭放入準備的鐵罐中，教師在搖動罐子前，請幼兒猜測
會發生什麼事？為什麼會那樣？
2. 教師用力搖晃罐子，在打開罐子前，請幼兒再猜測一次，最後才
打開蓋子，將罐中物倒入地面的紙盤中，讓幼兒觀察與評論。然
後發給每組幼兒罐子與石頭，請他們也試試看。

3. 教師指著盤內剝落的粉末，問幼兒是什麼東西？爲什麼有這些粉末？

4. 最後教師將用力搖晃的動作與河中大水沖流石頭，石頭相互碰撞的情形相提並論，作一統整。

5. 教師將幼兒帶至戶外水泥地上，以各種石頭在水泥地上作畫，教師指著地上的石頭條痕請幼兒用手摸摸看，問幼兒是什麼？爲什麼會有粉狀的條痕？並和搖搖看活動所產生的粉末比比看。

e. 裡面是什麼？

探索目標：親身驗證石頭之消蝕變化。

進行方式與注意事項：

1. 教師準備幾顆硬度低、較易粉碎的石頭，問幼兒想知道石頭裡面是什麼？長得什麼樣子？和外面一樣嗎？要怎麼辦才知道？

2. 教師將石頭放入布袋中，用鐵鎚用力敲幾下，也讓幼兒敲敲看。

3. 最後打開布袋，將碎裂的石頭讓幼兒觀察，比較石頭內部與外部有何不同？

4. 教師稍加引導，並作統整，由於幼兒已了解石頭在河中沖流、相互碰撞，其外表已變化許多，自然有別於內部。

f. 沙箱探索・g. 土壤分析師

探索目標：藉觀察、操作理解石頭、沙與土的關係。

進行方式與注意事項：

1. 教師將河灘嬉水、尋寶所獲的碎石與沙粒放入原有沙箱中，並準備漏斗、量杯、管子等各種容器。

2. 幼兒可任意地在沙箱中探索，運用各種器具或用手直接感受沙的特質。

3. 教師可準備放大鏡讓幼兒觀察沙粒，並將之與前述搖搖看活動所剝落粉粒相比較。

4. 教師將河灘所帶回的土混入小朋友挖泥寶所帶來的土，放入土箱

中，並準備各種容器、量杯等，告訴幼兒是小小科學家，要研究土壤。

5. 幼兒可任意地在土箱中探索，運用各種器具或用手直接感受土的特質。

6. 教師可準備篩盤，讓幼兒將土倒入篩盤中，用放大鏡觀看篩盤中殘留物與流出篩盤外之物，並比較之。

7. 教師鼓勵幼兒用放大鏡觀看，並比較土與前述搖搖看活動所剝落的粉末之異同。

8. 活動結束前，教師允許幼兒在土箱、沙箱中，加水攪拌，或沙、土、水混合，盡情探索。

9. 最後教師將幼兒經驗作一統整，將沙箱之碎石、沙粒與土箱之土，以及石頭粉末並置比較。

h.扮演與律動：岩石之消蝕變化

探索目標：藉律動表徵岩石之消蝕變化，增進概念理解並發揮創造力。

進行方式與注意事項：

1. 教師以石頭王國原是數顆巨大石頭的故事，將浪花沖擊、雨打、風吹、溫度變化的風化作用因素編入故事的動作要素中，並配合音樂以引起扮演動機。

2. 幼兒最初全是巨大崢嶸的石頭，在各種風化作用過程中，巨石逐漸消蝕變化。請幼兒運用創造力扮演並律動。例如：天氣變冷，石頭縫隙的積水成冰，爆裂石頭，河床巨流挾帶大石、相互衝撞而下，逐漸剝落碎粒，石頭變小與平滑。

四、石頭、沙、土功用

岩石是上好的建築石材，質地堅固、紋采美觀，如花崗岩、大理石、板岩等常被用於建築物。石灰岩、黏土是生產水泥的主要原料，而水泥是黏合磚塊，建築用岩塊的必備材料；沙、水泥、碎石

混合而成的混凝土則是現代建築物所不可或缺的。此外，有些礦石很漂亮，常成爲女士裝飾的寵物；大石頭是憩息的好處所，小石頭則是幼兒時期重要的玩具，也是魚缸裝飾、園林造景所需。土壤是植物生長之處所，孕育了人類與許多動物的食糧，泥巴則是幼兒時期重要的玩物；沙灘是消暑嬉水的好去處，沙畫、沙箱活動令幼兒愛不釋手。

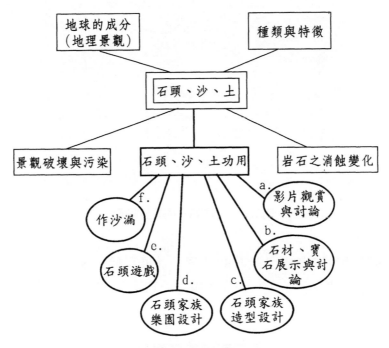

圖 6a-4　石頭、沙、土主題概念網絡活動圖(4)：石頭、沙、土功用

c.石頭家族造型設計

探索目標：藉造型設計，理解黏土的功用，並發揮創造力。

進行方式與注意事項：

1. 教師發給幼兒每人一小包黏土，及水、彩色紙、稻草、棉花、毛

　根、碎布、豆類、牙籤等。

2. 教師以石頭家族卡通影片上的人物引起創作動機，請幼兒自行捏塑、創作人物。

3. 幼兒捏塑好後，教師請其運用上述所提供的材料，為所創作的人物裝扮，如穿衣、戴帽等（圖6-9）。

圖6-9　石頭家族造型設計

4. 最後請幼兒發表自己設計的造形，並展示於活動室中。

5. 若能將捏塑好的黏土成品入窯燒製，更能引起幼兒興趣與理解黏土功用。

d.石頭家族樂園設計

探索目標：藉建構設計，理解石頭、沙、土的功用，並發揮創造力。

進行方式與注意事項：

1. 本活動可視幼兒年齡作不同的安排，大班幼兒可嚐試分組的合作建構型活動。

2. 教師以所創作的石頭家族需要有房子住，請大家為其蓋一座樂園，先請幼兒討論樂園中可能有什麼？如：石凳、涼亭、雕堡、茅房、

圍牆等，讓幼兒在園中水泥空地開始創作。

3.教師鼓勵幼兒用沙、土、石、草創意組合塑出各種樂園建築。如：黏土與草可蓋茅房，大石頭與黏土可蓋出雕堡，或用沙蓋沙堡，扁平石頭與黏土可做出石凳，沙碎石與泥土可蓋出圍牆。

4.最後請幼兒發表其所蓋的樂園。

────── e.石頭遊戲・ f.作沙漏 ──────

探索目標：增進對石頭或沙功用的認識。

進行方式與注意事項：

1.在園中空地，老師協助幼兒繪出跳房子的圖案。

2.讓幼兒輪流踢石頭、跳格子玩跳房子遊戲。

3.或讓幼兒用石頭在地面排出美麗的型式（Pattern），或堆疊建構、作立體造形。

4.教師亦可準備細沙，讓幼兒製作沙漏，理解沙的另一個功用——計時。

五、景觀破壞（土壤侵蝕）與污染

　　石頭、沙、土構成了地球的土地形態與地理景觀，是人類維生之源與閒餘休憩之所。尤其是土壤，它的形成是受自然力量的影響，逐漸風化演變而來的，得之不易。然而，由於過度開發、濫採與濫墾，造成土壤侵蝕與流失，在風、雨來臨更造成山崩、土埋等無法彌補的災害。再加上大量垃圾的製造與堆積，無一靜土，實破壞山林景觀之美。使我們的地球變得又髒又破，不但受傷而且生病，急待拯救。幼兒階段是價值觀、生活習慣養成的關鍵時期，環保教育必從幼兒做起。幼兒教師應提供幼兒相關的景觀破壞錄影帶，讓幼兒觀賞與討論，並閱讀相關圖書，以及帶幼兒實際去觀察周遭環境的景觀破壞情形。

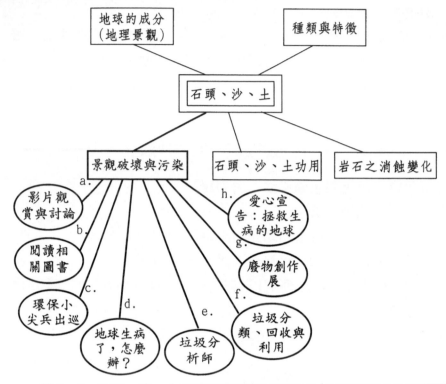

圖 6a-5　石頭、沙、土主題概念網絡活動圖⑸：景觀破壞與污染

c.環保小尖兵出巡

探索目標：讓幼兒實地了解景觀破壞的嚴重情形。

進行方式與注意事項：

1. 帶領幼兒至社區附近或郊區山邊濫墾處，讓幼兒觀看裸露無草木、
   景觀破壞的土坡（圖6-10,6-11）；以及帶幼兒至河邊沙石濫採處，
   讓幼兒觀看坑坑洞洞、飛沙走石、景觀破壞的河岸。教師並將景
   觀破壞的實景拍攝下來。

2. 沿途中請幼兒戴手套、口罩撿拾到處皆有、滿坑滿谷的垃圾紙屑
   （圖6-12）。

3. 回園團討時，詢問幼兒當環保小尖兵出巡的感覺，分別討論景觀

破壞與景觀污染的壞處。問幼兒在植物單元學過樹木的根是怎麼
生長的？它有何作用？（成幅射狀牢牢抓住土壤）（圖 6-13）山
坡是斜的，沒有樹木的山坡會怎麼樣？再請幼兒回想本單元影片、
圖片中所看見的美麗景觀，發表景觀破壞與景觀污染的感受。

4.最後請幼兒把出巡所見的情景繪畫下來，並口語分享。

圖 6-10　景觀破壞的山坡地(1)

圖 6-11　景觀破壞的山坡地(2)

圖 6-12　山林之中也堆滿垃圾

圖 6-13　樹木的根成幅射狀牢牢抓住土壤

┣━ d.地球生病了怎麼辦？・h.愛的宣告：拯救生病的地球 ━┫

探索目標：讓幼兒思考如何拯救景觀破壞與污染的地球。

進行方式與注意事項：

 1. 讓幼兒圍坐，觀看教師所拍攝的景觀破壞、污染的影片或照片。
 2. 教師提出問題：「我們地球美麗的山林、河岸已遭人類自己破壞

與弄髒，請小朋友想想看有什麼辦法可以拯救我們的地球？」

3. 教師引導幼兒思考各種方法，包括治本與治標方法，諸如：不濫
墾山坡地蓋房屋、不盜採林木、趕快種樹保護山坡地、不盜採砂
石、不亂丟垃圾、隨時隨地撿垃圾……。

4. 最後教師協助幼兒把拯救地球的方法寫成「愛的宣告」，幼兒可
以在宣告旁繪圖作記，然後貼到社區公佈欄與園方公佈欄，並請
幼兒回家與父母分享如何拯救地球。

├────── e.垃圾分析師・f.垃圾分類、回收與利用 ──────┤

探索目標：讓幼兒體驗垃圾回收與利用的必要性，並實際行動。

進行方式與注意事項：

1. 教師蒐集園方垃圾二、三袋，準備報紙數張，將幼兒分組，並請
幼兒戴口罩、手套。

2. 教師請幼兒將垃圾袋解開，倒在報紙上，請幼兒看看垃圾裡有什
麼東西？並將相同的垃圾放在一堆。

3. 教師請各組發表垃圾裡最多的是什麼東西？（如：碎紙、用過一
面的紙張、塑膠袋）等，並比較各組垃圾共同的東西（如：碎紙、
鋁罐、用過的信封）等。

4. 教師告訴幼兒人類製造了太多的垃圾，掩埋於地下會滲漏地下水
源，且地球上快找不到地方掩埋了，焚化燃燒又會產生有毒氣體、
污染空氣。要怎麼樣才能減少垃圾？請幼兒發表。

5. 教師一一拿起垃圾樣本，如：電腦報表紙、布丁盒、塑膠袋、紙
箱等，問幼兒這些東西一定得丟掉嗎？可以拿來當什麼用？或做
成什麼？請幼兒發揮創造思考力，思考廢物創意再用法。

6. 教師將鋁罐、玻璃罐、寶特瓶展示於幼兒，向幼兒解釋這些東西
可以被工廠回收、重新製造，不用丟掉、製造垃圾。

7. 於是教師請幼兒將幾個大紙箱裝飾成回收箱，以圖案標示回收種
類，並實際進行垃圾分類、回收與再利用，請家長也配合此項活

動，將家中可回收物攜至園內。

━━━━━━━━━━ **g.廢物創作展** ━━━━━━━━━━

探索目標：讓幼兒將廢物創意設計，化腐朽爲神奇。

進行方式與注意事項：

1. 教師出示布丁盒、養樂多罐、紙箱、保特瓶等，告訴幼兒這些東西除了我們討論過，可以創意使用外，（如：布丁盒當成斷折臘筆的家、厚紙箱可以當成娃娃家的桌子——上面再鋪一條美麗的桌布、保特瓶可以裝水澆花），我們還可以用這些廢物，將它改變、設計一下，變成其他有用、美麗的東西，請大家想想看可以變成什麼東西？

2. 如果幼兒想不出來，教師可以出示一個示範成品，如養樂多罐玩偶，刺激幼兒思考並加以引導，製作其他東西。在過程中，囑幼兒活動重點是要將原有廢物改變、設計，使它成爲另一項有用的東西，而不是丟棄成爲垃圾。

3. 最後則將幼兒成品展示，請家長參觀。

第二節　水

　　吾人每日均須喝水、洗手、沐浴、做飯，水是每日生活中不可或缺的物質，同時它也構成了基本的地理景觀，與休閒之處，如：河邊、山澗、海灘、瀑布等水域是游泳、嬉水的好去處；此外，水的循環造成天氣變化，對於人類生活影響至鉅。雖然水是切身所需、垂手可得的資源，然而水的特性是什麼？水從那裡來？均是頗值探討的問題。適合幼兒探討的水基本概念計有：(1)地球的成分（地理景觀）；(2)特性；(3)浮力；(4)形態；(5)溶解劑；(6)功用；(7)

水資源浪費與污染。針對概念所設計的活動與教材應是具體化、生活化、經驗化，直接嬉水、探索水的各種特性，並欣賞水所形成的水域景觀。在幼兒探索的過程中，教師要以各種問題引發幼兒思考、推理、預測、溝通，實際運用科學程序能力。

一、地球的成分（地理景觀）

　　水是地球上的重要資源，不僅在家裡的水龍頭可以發現，它在戶外山林之間亦有痕跡。水所流及之處，造就了美麗的江河、湖泊、溪澗、瀑布、海洋等令人賞心悅目的水域地理景觀（圖 6-14a,6-14b,6-15），煙波渺渺、潺潺弱水、波濤洶湧、轟然奔瀉等都是慣用的形容詞。幼兒若能觀看錄影帶、圖書、明信片或實地拜訪這些美麗景色，必能讚嘆大自然之神偉，培養愛護大自然環境之情操，而且對於理解水從哪裡來？流向哪裡去？頗有助益。

　　「水：地球的成分」（地理景觀），本項概念的活動設計基本上與「石頭、沙、土：地球的成分」（地理景觀）大同小異。教師在進行水鄉之旅時，最好讓幼兒遠觀欣賞之餘還能近玩體驗，諸如：讓腳泡入水中濺起水花、赤腳行走於灘邊水窪或水淺處、用小石頭丟擲水面激起浪花。教師儘量能將美景攝影或照相，以供幼兒回園團討、刺激回憶之用。回園團討時，詢問幼兒對水鄉之旅的感受，教師因勢利導與幼兒一起吟唱詠嘆山水美景的詩句，如：「滾滾長江東逝水，浪花淘盡……」，將美麗的感受用語文表達出來。團討後，教師可請幼兒將水鄉之旅繪出，在繪畫過程中儘量鼓勵幼兒思考當日所遊所見。教師亦可進行「浪花、瀑布、江湖、嬉水樂」的戶外活動，或準備水域風景明信片數套，讓幼兒分類或配對，因為在分類、配對的過程中，自然能引起幼兒對水域景觀的注意與欣賞。

圖 6-14a　美麗的水域地理景觀(1)

圖 6-14b　美麗的水域地理景觀(2)

圖 6-15　美麗的水域地理景觀(3)

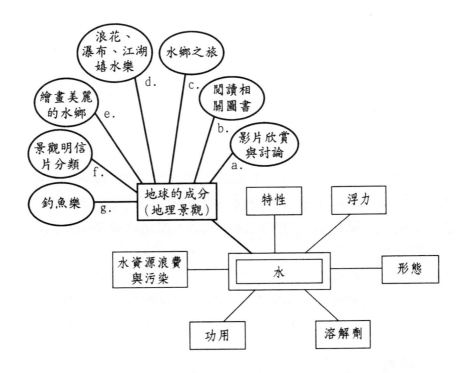

圖 6a-6　水主題概念網絡活動圖⑴：地球的成分（地球景觀）

———— **d.浪花、瀑布、江湖嬉水樂** ————

探索目標：藉戶外嬉水，增進對水域景觀的認識與興趣。

進行方式與注意事項：

1. 教師將幼兒帶至園中空地，備好水管、水桶、木板、大石頭、磚塊、鏟子、黏土等物。

2. 請幼兒利用現有物品作出瀑布水流，如：傾斜木板於牆面、將水管由上往下灑，或直接將水從滑梯上澆灌下來，教師鼓勵幼兒作出各種斜度的瀑布，以及流得較遠的瀑布。

3. 教師再請幼兒作出有浪花的瀑布，詢問幼兒為什麼有些瀑布流至一半時有浪花激起？怎麼做出來？

4. 教師可再引導幼兒做出湖泊、河流，讓幼兒盡情地在園中泥地上

挖掘河道與湖泊，或連結河道與湖泊，或者是做出有浪花激起的河流。甚而可連結瀑布、江河與湖泊，用水管沖流、做出水域景觀。

─────────── g.釣魚樂 ───────────

探索目標：享受池塘釣魚的樂趣。

進行方式與注意事項：

1. 教師準備大水盆或水箱，告訴幼兒把它當是假的池塘，並在池塘裡置放黏（夾）有紙磁鐵（迴紋針）的魚（紙卡護貝或塑膠片）。
2. 發給每人一根釣竿，約竿尾端是磁鐵，讓幼兒持竿入水釣魚，享受釣魚樂。
3. 問幼兒為什麼魚可以被釣上來？
4. 比賽那一組或那一位小朋友釣得多，或在塑膠魚身上寫上數字當成價錢，可玩運算遊戲。

二、特性

水是無色、無臭、無味，隨添加物改變顏色，隨容器改變形狀的物質，它有重量、能支撐物體，有壓力、由高處往低處流（含有大量動能），可以進入某些物質之中，有些物質卻無法進入（有些東西可以吸水，有些東西卻不能）。以上這些特性可以從直接的嬉水經驗中發現，因而幼兒教師要提供幼兒大量玩水的機會，如戶外嬉水、水箱活動，讓幼兒親身體驗、感受水流的感覺，以及提供各式嬉水用具，如：各種容器、塑膠瓶、漏斗、滴管、水管、打蛋器、海棉、吸管、塑膠袋、手帕、噴霧器、水槍等，讓幼兒探索、試驗以發現水的特性，這兩種活動是不可缺少的。值得注意的是：教學所著重的應是水的物理面向，而非水的化學成分——氫、氧等。

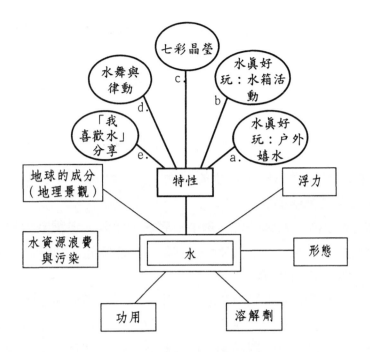

圖 6a-7　水主題概念網絡活動圖⑵：特性

═══ a.水真好玩：戶外嬉水 ═══

探索目標：實際體驗與發現水的特性。

進行方式與注意事項：

1. 教師準備水管、大小水桶、大小盆子等裝水容器數個與戲水工具，如：喝過的大塑膠牛奶罐、花灑，可相互銜接的水管、空塑膠瓶等。

2. 請幼兒用小水桶提水倒入大水桶或大盆子中，感受水的重量，並詢問幼兒感覺如何？然後請幼兒圍在桶、盆四周，運用所提供的器具自由戲水一段時間，允許幼兒打水仗、噴水槍，感受水是無臭、無味。

3. 然後教師拿出可相互銜接的硬塑膠水管，讓幼兒試著接水管，思考從某處要把水送到某處，有幾種不同的水管接法？哪一種用的水管較少、較省錢？

4.亦可玩噴泉遊戲，在塑膠牛奶罐邊鑽洞並注水，問幼兒若要水噴得遠怎麼辦？讓幼兒思索，教師在旁協助鑽洞，以驗證幼兒的答案。

5.最後可將鑽好數洞的牛奶罐數個吊在曬衣竹竿底下，教師用水管注水，讓幼兒在噴泉下享受被噴的樂趣，與體驗水的壓力。

b.水真好玩：水箱活動

探索目標：實際體驗與發現水的特性。

進行方式與注意事項：

1.教師在大水桶、大盆子或水箱中注滿水，並置入各種戲水的用具，如：塑膠袋、漏斗、塑膠片、磁鐵、小塑膠瓶、海棉、吸管、手帕、滴管、打蛋器等。

2.首先教師告訴幼兒水箱中的水太多了，要幼兒運用所提供的用具，就是不能用塑膠瓶，想辦法拿出一小桶水，例如，用塑膠袋裝水，用吸管、滴管汲水，用手帕、海棉吸水，用手頂住漏斗一端裝水，用手捧水……。教師讓幼兒自己思考，最後統整個別幼兒所用的不同方法。

3.然後讓幼兒運用所提供的用具自由探索。

4.在室內、室外嬉水過後，教師應將幼兒經驗加以統整，詢問幼兒：「水是什麼顏色？什麼形狀？什麼味道？」、「什麼東西可以吸水？什麼東西不能吸水？」、「水有重量嗎？水有壓力嗎？」、「為什麼你覺得水有重量、有壓力？」等問題。

c.七彩晶瑩

探索目標：體驗水隨添加物改變顏色、隨容器改變形狀的特性。

進行方式與注意事項：

1.教師準備各種形狀的透明玻璃瓶數個、大小透明塑膠袋數個、滴管數枝、以及顏料。

2.協助幼兒將塑膠袋置入玻璃瓶中，並將袋口反摺套於瓶口上。

3. 請幼兒注水入塑膠袋，然後用滴管滴入顏料，靜觀顏料擴散於水中的變化，允許幼兒將不同顏料滴入，觀看色彩混合變化的情形。

4. 教師協助幼兒將袋口用塑膠繩圈綁，將一袋袋色水懸於近窗口明亮處，當陽光射入，晶瑩剔透煞是好看，或吊在曬衣竿下，或夾在曬襪圓盤下。

5. 在形形色色玻璃瓶中也注水與滴入顏料，置於科學角或窗口，讓幼兒觀賞。

6. 教師於統整時，詢問幼兒：「水是什麼顏色？」、「水是什麼形狀？」

━━━━ d.水舞律動・e.「我喜歡水」分享 ━━━━

探索目標：以舞蹈律動、口語表徵水的特性。

進行方式與注意事項：

1. 教師以故事情境引導幼兒扮演、律動，在故事中將水的特性溶入。諸如：「從前有一桶水，常被主人倒來倒去，一下子在長方形的瓶子，一下子倒入S形的瓶子，一下子倒在圓圓胖胖的瓶子，……最後主人從樓上窗口往外倒，結果水都跑到土裡面，祇賸下一點點。」

2. 律動過程中，讓幼兒自行思考、創意表現水隨容器改變形狀。

3. 教師亦可以口語方式，讓幼兒表達對水的感覺，如：「我喜歡水，因為水流來流去、摸起來很舒服」、「我喜歡水，因為水可以拿來噴人，涼涼的」、「我喜歡水，因為水可以倒來倒去，好好玩。」

三、浮力

　　水有重量，能承載物體，產生浮力，這就是為什麼大船可以浮在水面而不沉、人躺臥水面覺得輕鬆舒適之因。理論上，愈重的物體，愈可能下沉，而物體的重量取決於體積與密度，大的物體並不見得重。有一些東西，如筆，直放與平放入水中，如黏土球，揉成

圓球與盤狀，其結果可能不同，這又涉及物體所排開的水量。教師
應提供幼兒各種試驗的實物，如盤子、軟木塞、積木、海棉、乒乓
球、棒球、彈珠、冰塊、石頭等，讓幼兒去探索發現，並製造一些
認知衝突的事實讓幼兒思考，在學習上有意想不到的效果。例如：
同樣大小的球，乒乓球浮了起來，黏土球沉了下去（外形相同，重
量不同）；大塊的塑膠積木浮在水面，小磁鐵塊卻沈下去（外形不
同，重量亦不同）；再如：同樣兩粒揉成圓球的黏土，一粒放入水
中結果下沉，一粒桿成平面結果浮在水面（外形不同，重量相
同）。

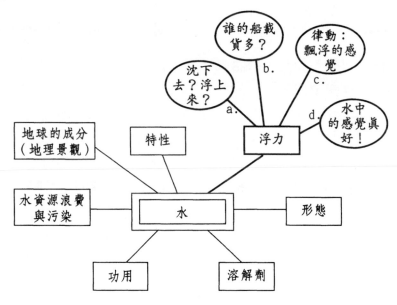

圖 6a-8　水主題概念網絡活動圖⑶：浮力

━━━━━━ a.水中的感覺真好！‧ b.律動：飄浮的感覺 ━━━━━━

探索目標：實際體驗水的浮力，並以律動表徵感覺。
進行方式與注意事項：
　1.帶幼兒至游泳池，如果不能成行，儘量以大型塑膠式游泳池替代，

並準備浮板、救生衣、救生圈、氣墊等物。

2.讓幼兒穿戴好救生衣，或趴在浮板上、套在救生圈上、躺在氣墊上，享受浮在水面的感覺。

3.然後允許幼兒自由嬉水，如有幼兒不用藉助外物能自行浮起，亦可讓其試試，但一定要注意安全，讓義工家長隨行照顧。

4.回園後，請幼兒分享浮在水面上的感覺，並配合音樂以律動表現在水面漂浮的感覺。

c.誰的船載貨多？

探索目標：藉實際操作，理解水的浮力。

進行方式與注意事項：

1.教師準備數盆水，及油性黏土、錫箔紙、彈珠、小石頭等物。

2.給幼兒黏土，請其自行捏塑各式各樣的船，然後再捏可以載很多彈珠或小石頭的船（圖6-16）。

圖6-16　黏土船載貨多

3.愈大的船可能載的貨較多，但如果黏土用太多會太重下沉，載不了貨。給幼兒時間，從錯誤中學習，教師在旁以言語刺激幼兒思

考,如:你要怎麼改良(變一下)你的船,讓你的船載的彈珠比
他的船多。

4. 也可以用錫箔紙代替黏土摺船,錫箔紙與黏土是完全不同的素材,
幼兒的思考面向亦不同。

5. 最後教師將載貨箔較多的船展示、提出討論,並與載貨少的船、
或下沉的船作一比較,將幼兒經驗作一統整。

├────── d.沉下去?浮上來? ──────┤

探索目標:藉實際操作,理解水的浮力。

進行方式與注意事項:

1. 教師為幼兒準備數盆水,以及各種東西,如:軟木塞、積木、彈
珠、貝殼、盤子、磁鐵等,問幼兒哪些東西可以浮在水面?哪些
會沈下去?為什麼?

2. 讓幼兒自行探索,將各種東西置入水中(圖 6-17),然後將浮在
水面、沉下去、與半浮半沉的東西分類放在三個盤子上。

3. 在過程中,教師儘量製造認知衝突點,讓幼兒思考,並於最後統
整幼兒的經驗。

圖 6-17　沉下去?抑浮起來?(注意看幼兒專注的表情)

四、形態

水是每日必飲、必用之物，一般人以爲水是液體狀，其實水還有其他兩種不同的形態：固體狀態－冰，及氣體狀態－水蒸氣。水蒸氣是看不見之小水滴，是水變成氣體，跑入空氣中（所謂的蒸發作用），如：水滾時，蒸氣裊裊上升，洗澡時，浴室瀰漫水蒸氣。水蒸氣若遇冷會凝卻成小水點，天上的雲也是小水點的匯集，當它含有太多、太重的水，就會下降成雨。水放入冰箱可冰凍成冰，冰棒、雪花冰是幼兒最喜歡、最好吃的東西，但是它很快又會溶化成水。研究水的三態變化，對幼兒而言，頗具意義，有助於「水的循環」概念之理解，爲降雨概念鋪路。幼兒教師應提供具體經驗，讓幼兒經歷固態－液態－氣態三態間的來回變化。

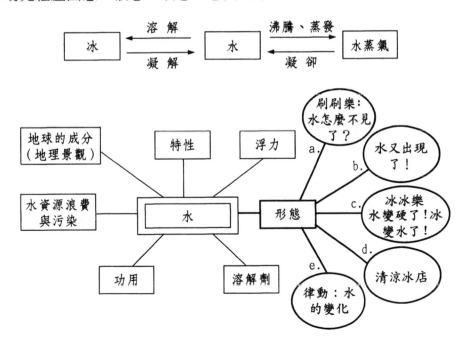

圖 6a-9 水主題概念網絡活動圖⑷：形態

a.刷刷樂：水怎麼不見了？

探索目標：觀察與探索溫暖與移動的空氣會讓水變成氣態。

進行方式與注意事項：

1. 教師準備數桶水與大刷子數把（或掃把、拖把），最好選定大晴天進行此一活動。

2. 請幼兒用大刷子沾水，在地面上、牆壁上揮畫創作美麗圖案（圖6-18,6-19）。在揮畫之前，教師詢問幼兒，刷子沾水刷在牆上，牆壁會怎麼樣？牆壁上的圖案會一直留在牆上嗎？請幼兒仔細觀察結果。

3. 幼兒揮畫一段時間後，自會發現牆上的水痕圖案漸漸變小，最後消失了。當幼兒陶醉於揮灑之間，教師以「牆上的水怎麼不見了？水跑到哪裡去了？」詢問幼兒，讓幼兒思考。

4. 然後教師請幼兒同時在受光、背光牆面揮畫，在幼兒畫前，請幼兒猜猜看哪一面牆的水會乾得比較快？為什麼？再以行動驗證之。

5. 教師還可以請幼兒在室內的黑板上以手指沾水畫上圖案，然後吹氣在圖案上或用扇子搧，作最後的統整。向幼兒解釋：沒有人動

圖6-18　刷刷樂：水怎麼不見了？

圖6-19　刷刷樂：水怎麼不見了？

你的圖案，祗有空氣碰到了你所畫的圖案，所以是溫暖、流動的空氣帶走了水，水變成看不見的小小水滴跑到空氣中（水蒸氣），而空氣帶走了水就叫做蒸發。

b.水又出現了！

探索目標：觀察與探索溫度的變化會讓水變為蒸氣，蒸氣變為水。

進行方式與注意事項：

1. 鍋中放入少許水，在電磁爐上加熱，讓幼兒觀看沸騰後的水變成看不見的小水滴水蒸氣，問幼兒蒸氣像什麼？像不像雲霧狀？持續沸騰，讓鍋中水愈來愈少，問幼兒鍋子裡的水怎麼變少了？跑到那裡去？

2. 然後將置滿冰塊的平盤容器放在冒水蒸氣的水鍋上（在鍋子兩旁用東西架高，撐住平盤），在置放前，先讓幼兒感受平盤容器冰冷的底部，並請幼兒預測當容器放在冒水蒸氣的鍋子上時，會發生什麼事？為什麼？請幼兒仔細觀察結果（圖6-20）。

3. 當容器底部開始積水，最後滴水下來，請幼兒用口語描述觀察結果，並試著說明為什麼。

4.教師稍作統整：水遇熱變成水蒸氣，水蒸氣遇冷變成水。

5.為讓幼兒更加了解水蒸氣，可讓幼兒的口鼻靠近冒煙的熱開水感受一下，或將手置入孃孃上升的蒸氣中，然後拿開，問幼兒手上有什麼感覺？濕濕的？（注意：祇能用熱開水，不能用實驗中正在沸騰的水。）

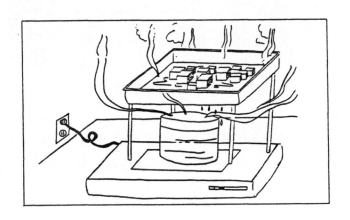

圖 6-20　水又出現了！

c.冰冰樂

探索目標：觀察與探索溫度變化會讓水變為冰，冰變成水。

進行方式與注意事項：

1.教師問幼兒把手伸入冰箱裡面或是冷凍櫃裡的感覺怎麼樣？然後在製冰盒中注入冷開水、放入冷凍櫃中將溫度調至最冷，問幼兒冰盒中的水會變成什麼？

2.將現成的冰塊發給幼兒，問幼兒如果將冰塊放在手掌上把玩（或放入口中），手有什麼感覺？冰塊會怎麼樣？為什麼會這樣？並以行動驗證之。

3.將預先準備的大冰塊發給每組一塊，請幼兒用西餐的刀、叉、匙

　　自由雕冰，感受冰塊的固體堅硬感覺，但囑各組必須小心使用器具。
4. 最後將冷凍櫃中的冰塊取出，提醒幼兒這是活動之初放進去的，驗證水遇冷變成冰。讓幼兒將小冰塊含入口中，感受冰涼的感覺與變化。

---

d.清涼冰店

探索目標：從遊戲中，理解冰的特性。

進行方式與注意事項：

1. 教師準備刨冰機、大小冰塊、各式果汁、水果罐頭，或請義工家長幫忙，事先準備好紅豆、綠豆等，告訴幼兒要開冰店。
2. 幼兒可自行調製七彩果汁加冰塊、並為其創意命名，或製作紅豆冰、水果冰、八寶冰等，並佈置冰店，讓幼兒自行書寫或繪畫店名、冰品名稱。
3. 在製作過程中，小朋友自然能理解冰溶化得很快。
4. 將製作的冰品展示，請隔壁班的小朋友當消費者拿代幣買冰，最後全體一起享用。

---

e.律動：水的變化

探索目標：藉律動表徵水的三態變化，增進概念的理解。

進行方式與注意事項：

1. 教師以故事情境引導幼兒扮演、律動水的三態變化。
2. 教師可先錄好有笛聲水壺，水滾時的呼嘯聲，或水滾時的咕嚕滾滾聲，當背景聲音，幫助幼兒扮演律動。
3. 在扮演律動過程中，教師給予幼兒扮演空間，讓幼兒創意表現，並以言語刺激，如：「水滾了，水變成水蒸氣了！」、「水蒸氣是看不見的小水滴，它像煙霧一樣上升，飄到空氣裡面。」
4. 最後教師將水的三態變化稍加說明，作一統整。

五、溶解劑

　　水是一種溶解劑，有些東西可以溶解於水中、消失不見，但有些東西不能溶解於水中，如：加入檸檬水中的方糖不見了，灑在湯中的香油浮在上面、清晰可見。教師應提供各種物質，如：沙糖、冰糖、鹽、洗衣粉、泥土、沙、麵粉、巧克力粉、小石頭等，甚而液體的酒、醬油、油等讓幼兒試驗，並比較不同溶液間的色澤。雖然東西溶解於水中，表面上看不見了，其實它與水混合，水中含有該種東西，如糖溶於水，糖水中有糖味。

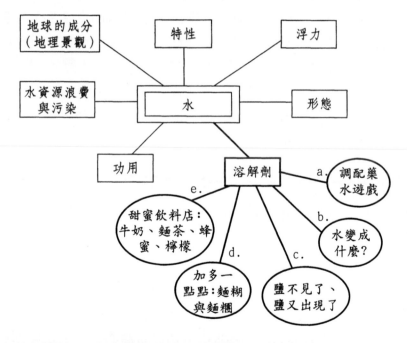

圖 6a-10　水主題概念網絡活動圖(5)：溶解劑

┣━━━━━ a.調配藥水‧b.水變成什麼？ ━━━━━┫

探索目標：透過遊戲，認識水是溶解劑。

進行方式與注意事項：

1. 教師出示各種物質，如：糖、沙、麵粉、油、紅豆、小石頭、冰糖、洗衣粉、泥土等，透明塑膠水杯數個，牙籤數根以及水數桶，告訴幼兒要玩醫生、護士調配藥水的遊戲，請幼兒自行調配各種治病的藥水。

2. 讓幼兒盡情調配、攪拌，為每一種藥水命名。

3. 在分享時，請幼兒說明藥水的「成分」（即放了什麼東西進去），以及藥水看起來怎樣（目的在讓幼兒注意東西有否溶解於水中）？

4. 教師詢問小朋友，哪一種東西放入水中能和水混成一體？（即能溶解於水？）哪一種東西不能溶解於水？

5. 將幼兒所調製的各種藥水放在實物投影機上，讓幼兒更清楚地看見物質在水中的溶解情形，並請幼兒以言語描述之。

6. 最後請幼兒將各種物質依據其可否溶解，加以分類（即分為溶質與非溶質）。

├────── c. 鹽不見了、鹽又出現了 ──────┤

探索目標：透過實驗操作，增進幼兒對溶解概念的理解。

進行方式與注意事項：

1. 教師發給每組幼兒鹽、透明水杯，請幼兒觀察鹽的外形，然後將鹽放入水杯，加溫開水攪拌。

2. 請幼兒描述加了鹽的水看起怎麼樣？教師詢問幼兒鹽怎麼不見了？再請幼兒以手沾鹽水溶液嚐嚐看，並描述味道，教師問為什麼有此味道？

3. 教師解釋鹽和水混成一體，鹽「溶解」於水中成為鹽水溶液，雖然看不見，但水中有鹽味，並未真正消失。

4. 教師將各組鹽水溶液倒入小鍋中，置於電磁爐上將火轉至最高，詢問幼兒如果把水燒乾，鍋子裡還有東西嗎？為什麼？

5. 水乾後，鹽即出現在鍋底，將鹽刮出，讓幼兒輪流觀察並品嚐。

▐ ━━━━ d.加多一點點：麵糊與麵糰 ━━━━ ▐

探索目標：從遊戲中，明白物質在定量水中，所能溶解的量是固定的。

進行方式與注意事項：

1. 教師準備麵粉、與裝有 1/3 水的容器數個，讓幼兒先加入一大匙麵粉於容器中攪拌，詢問麵粉水看起來怎麼樣？
2. 請幼兒再加入一匙麵粉攪拌，詢問現在的麵粉水和剛才的麵粉水有何不同？
3. 請幼兒逐一加入一匙匙麵粉攪拌，教師不斷詢問麵粉水有何變化？
4. 最後的麵糰可讓幼兒揉搓，自由加水、加麵粉探索之。

▐ ━━━━ e.甜蜜飲料店 ━━━━ ▐

探索目標：實際操作，理解水是溶解劑。

進行方式與注意事項：

1. 教師準備奶粉、麵茶粉、芝麻粉、可可粉、蜂蜜、砂糖、檸檬水等，告訴幼兒要開飲料店。
2. 幼兒可自行沖泡奶粉，調製麵茶、芝麻糊、蜂蜜檸檬、水等，並佈置飲料店，讓幼兒自行書寫、繪畫店名、飲料。
3. 將調製好的飲料展示，請隔壁班的小朋友當消費者拿代幣買飲料，最後全體一起享用。

六、功用

　　水的功用良多，無論是飲用、清洗、沐浴、灌溉作物與植物、烹飪均少不了它，此外，還可發電、提供能源；冰可保存食物、冰涼飲料、調製成可口的冰品、並可止痛；蒸氣可供清洗、燙衣、女士蒸臉以及運轉鍋爐用。許多娛樂休閒活動也與冰、水有關，如：釣魚、划船、游泳、水上摩托車、帆船運動、跳水、潛水、溜冰、冰上曲棍球、蒸氣浴（三溫暖）。更重要的是水可滅火，是相當重

要的資源，而且水中養活許多的動物，是人類的重要食糧，幼兒應從實際生活中體驗水的功用。

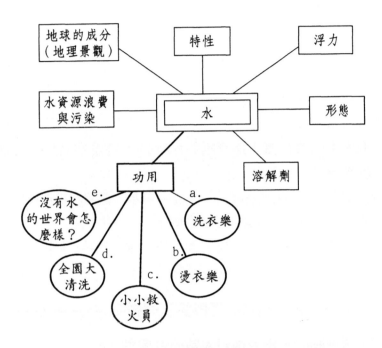

圖 6a-11　水主題概念網絡活動圖⑹：功用

────── **a.洗衣樂・b.燙衣樂** ──────

探索目標：親身體驗水、水蒸氣的功用。

進行方式與注意事項：

1. 教師準備洗衣板，將全園人清洗所用過的小抹布，分給幼兒，將幼兒帶至水槽處，或發給水桶、水盆在空地上清洗。

2. 洗的過程中，教師讓幼兒觀察抹布浸於水中，水的色澤變化。

3. 洗好擰乾後曬於竹竿上，問幼兒為何要掛在竹竿上？隔一會兒，詢問幼兒抹布的變化，以及抹布中的水怎麼不見了？

4.也可讓幼兒幫娃娃家的娃娃洗澡、洗頭髮，體驗水的清洗功用。

5.將娃娃家的衣服，讓幼兒用蒸氣熨斗燙一燙，儘量讓幼兒加水入熨斗，觀看水蒸氣噴出，及水蒸氣作用。

6.教師讓幼兒以口語描述、比較衣服燙前與燙後之不同。

c.小小救火員・b.全園大清洗

探索目標：親身體驗水的功用。

進行方式與注意事項：

1.教師將教室中的廢紙置入燒冥紙的鐵桶中，警告幼兒火燒時很可怕，溫度很燙，不能隨便玩火。

2.給幼兒小容器，假扮救火員滅火，往桶中澆水，觀看水被澆滅情形。

3.幼兒餘興未盡，可以讓其澆園中的草木。

4.亦可讓幼兒清理整間教室、或全園上下、或園中娃娃車，供給抹布、拖把、水桶、刷子、水管、海棉等。

e.沒有水的世界會怎麼樣？

探索目標：透過團討，思考水對人類的重要性。

進行方式與注意事項：

1.幼兒經歷上述活動後，教師可運用團討，將幼兒的經驗統整，儘量思考水對人類食、衣、住、行、育、樂各方面的貢獻。

2.教師再讓幼兒思索沒有水的世界會變成什麼世界？鼓勵幼兒運用思考力，例如：人類會滿臉灰塵變成小黑炭，沒有可愛的小金魚、海獅了，沒有冰淇淋吃了……。

七、水資源浪費與污染

　　水既是對人類生活無所不及，極為重要，然而地球上大部分的水是在海洋，海洋是鹹水，其他一半的新鮮水在冰山與冰河，水資源得來不易；再加上「溫室效應」，地球溫度日趨昇高，乾旱之地

更形加大，保存與保護地球上的新鮮水源愈形重要。近年來人類用水日鉅，平均每個人每天使用 125 加侖的水，大量浪費資源。而且我們的水源不斷地被掩埋於地下的垃圾滲漏，工業廢水、農業廢物的傾注，化學肥料、家中清潔劑與殺蟲劑的使用而嚴重污染並毒害了許多水中生物，再加上溫室效應、臭氧層破壞和酸雨，使得已經惡質的水資源更形可怕，實頗值堪憂。愛惜與保護水資源應自幼做起，落實於課程與生活之中。同樣地，觀賞錄影帶與圖書，以及實際外出了解水源污染情形是最直接、最有效的方法。

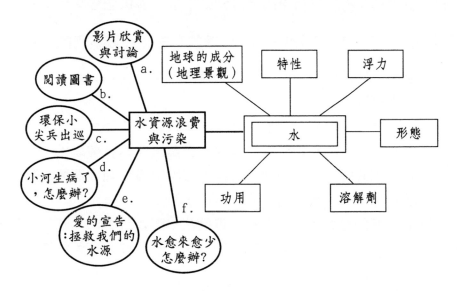

圖 6a-12　水主題概念網絡活動圖⑺：水質源浪費與污染

─────────── **c.環保小尖兵出巡** ───────────

探索目標：讓幼兒地了解水資源污染的情形。

進行方式與注意事項：

1. 帶領幼兒至市區河溝、市郊河流，站在橋墩上佇足觀賞，請幼兒注意看河溝水的顏色、水道中與溝道兩旁有什麼？（垃圾）水道

邊所排出的水是什麼顏色？在沿途中並且試著讓幼兒找尋污水排放的源頭。

2. 若有可能，請教師用玻璃瓶裝河道的水攜回園中，並將河道與其四周攝影或照相。

3. 回園時，教師將玻璃瓶置於投影機或實物投影機前，讓幼兒觀看污染的水，請幼兒發表當環保小尖兵出巡的感覺？討論水污染的情形與壞處（如：魚貝全死了，水質不適合飲用）。請幼兒回想本單元影片、圖片中所看見美麗的水域景觀，與今日所見加以比較。

4. 最後請幼兒將出巡所見的情形繪畫下來，並口語分享。

┣━ d.小河生病了怎麼辦？・e.愛的宣告：拯救我們的水源 ━┫

探索目標：讓幼兒思考如何防治水資源污染。

進行方式與注意事項：

1. 讓幼兒圍坐，觀看教師所拍攝的水域景觀污染影片，以及所帶回污染的水，教師向幼兒稍作解釋水資源污染的各種原因。

2. 教師提出問題：「我們地球美麗的河川已遭人類破壞與弄髒，請小朋友思考有什麼辦法，可以拯救小河？」

3. 教師引導幼兒思考各種方法，包括治本與治標方法，諸如：工廠不排放廢水、農場不排放雞禽廢物、家裡不使用有毒的清潔劑、不亂倒垃圾、清掃垃圾……。

4. 最後教師協助幼兒把拯救水源的方法，寫成「愛的宣告」，幼兒在宣告旁繪圖作記，然後貼在社區公佈欄與園方公佈欄，並請幼兒回家與父母分享如何拯救水源。

┣━━━━━ f.水愈來愈少，怎麼辦？ ━━━━━┫

探索目標：讓幼兒思考如何節約用水。

進行方式與注意事項：

1. 教師請幼兒分享從早上起床到晚上睡覺，什麼時間用水？怎麼用

水？（如：刷牙時讓水龍頭一直流、洗澡用盆浴），知道一天用多少水嗎？

2. 教師向幼兒分享資訊：一家四口人每星期平均用 3,500 公升的水，其中三分之一是用來沖馬桶。水龍頭開一小時用掉 910 公升的水，泡澡所用的水是淋浴的二倍。

3. 教師再引導幼兒思考如何節約用水，例如：刷牙、洗臉、洗手時不要讓水龍頭一直開著，儘量用淋浴，盆浴的水可以儲存當成沖馬桶水，洗米、洗菜水可以澆花……。

4. 最後教師請幼兒將如何省水以圖畫繪出，或以肢體表現（淋浴、舊水沖馬桶）。

第三節　空氣

　　地球的表面籠罩著飄著朵朵白雲的大氣，緊黏地殼，防止地球免受宇宙射線的侵入，保護在大氣底層棲息的眾生萬物。雖然吾人不能以肉眼看到，空氣實在是無所不在，在山林間漂浮、在室內流竄、在人類呼與吸之間進出我們的身體，是人類維生不可缺少的要件，也是涵養天地萬物的要素。幼兒的生活中常有玩氣球、放風箏、使用救生圈（游泳）的經驗，探討空氣是件有趣、有意義的事。適合幼兒探索的空氣基本概念有：(1)地球的成分（無所不在）；(2)佔有空間的實體；(3)產生壓力；(4)功用；(5)空氣污染。針對以上概念所設計的活動與教材應是具體化、生活化、經驗化，讓幼兒親身體驗空氣的無所不在，具體感受它是個佔有空間的實體，並玩氣球、紙飛機、風箏等須借助於空氣的遊戲。在幼兒探索的過程中，教師要儘量以各種問題刺激幼兒思考、推理、預測、溝通，實際運用科學程序能力。

一、地球的成分（無所不在、佔有空間的實體）

　　空氣充滿了整個人類的居住空間，它藉呼與吸進入人類身體器官，它也存在於天涯海角任何空間──瓶子中、水中、土壤中、地面上、任何角落，可以說到處皆有，無所不在。可是空氣又是無臭、無味、看不到、也摸不著，但它的的確確是佔有空間，是個實體物質，隨意用塑膠袋抓一把空氣，袋子即隆起，就是證明。教學活動可始於讓幼兒用鼻、嘴呼氣於手掌上，體驗手掌上的感覺，或用撕成條狀的衛生紙置於口鼻之前，觀看衛生紙條的飄動，然後問幼兒「是什麼東西讓衛生紙飄動？」以此為引起動機，意識「空氣」的存在，然後再漸而引導至佔有空間、無所不在的實體概念。

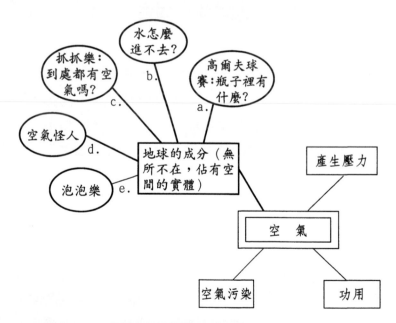

圖 6a-13　空氣主題概念網絡活動圖⑴：地球的成分

━━━ a.高爾夫球賽：瓶子裡有什麼？ ━━━

探索目標：藉遊戲，理解空氣的存在。

進行方式與注意事項：

1. 教師準備大大小小塑膠瓶（如：用過的洗髮精、沐浴乳、牛奶瓶等），以及乒乓球數個。

2. 在桌面鋪上白紙，上繪有代表洞的圓圈，問幼兒有沒有看過電視上打高爾球？向幼兒說明在高爾夫球賽中，是要把球用球桿揮入洞中，現在我們不用球桿，用擠壓塑膠瓶的方式，讓乒乓球進洞，老師先行示範。

3. 讓幼兒盡情擠壓塑膠瓶，享受球進洞的樂趣，並可數算進洞球數的多寡（圖6-21）。

圖6-21　高爾夫球賽

4. 若有足夠空間，讓幼兒在真正挖了洞的地面進行活動。或者改用嘴巴吹氣取代瓶子。

5. 活動結束後，召集幼兒團討，請幼兒由瓶口往瓶子裡看，問瓶子裡有什麼東西？如果幼兒答沒有東西，教師再問，如果沒有東西，

為什麼當你擠壓瓶子時，乒乓球會動？瓶子裡到底有什麼東西，會讓球動？

6.請幼兒對著臉部擠壓瓶子，問臉上感覺怎麼樣？是什麼東西？請幼兒發表。或吐氣在手上，手上感覺怎樣？是什麼東西？

7.最後教師作一統整，將空氣的概念介紹給幼兒，告訴幼兒空氣雖然看不見，但空氣到處都是，連瓶子裡也有空氣。

b.水怎麼進不去？

探索目標：藉實驗理解空氣是佔有空間的實體。

進行方式與注意事項：

1.教師準備透明玻璃瓶數個、漏斗數個、油性黏土、及摻有顏色的水，發給各組。

2.請幼兒將漏斗插入玻璃瓶中，然後將瓶口用油黏土包在四周接合空隙。

3.在請幼兒將色水倒入漏斗前，先讓幼兒猜猜看水倒下去會怎麼樣？為什麼會這樣？然後再以行動驗證之。

4.幼兒驚訝於水停於漏斗、下不去瓶子時，教師請幼兒回憶高爾夫球賽時所用的塑膠瓶中有什麼？問幼兒現在的玻璃瓶中有什麼？為什麼水下不來？

5.最後教師作一統整：玻璃瓶內有空氣，它佔滿了玻璃瓶的空間，因此水下不來了。教師可以讓一位幼兒進入一紙箱中，假扮是空氣，另一幼兒假扮水，扮水的幼兒若要再進入紙箱中，就無多餘空間了，讓幼兒理解水下不去瓶子的原因。

6.教師可再問幼兒：如果要讓水下去瓶子，該怎麼辦？讓幼兒思考並實際做出。

c.抓抓樂 • d.空氣怪人

探索目標：親身體驗空氣是無所不在、佔有空間的實體。

進行方式與注意事項：

1. 教師將氣球吹大鼓起，問幼兒氣球為什麼鼓起來？氣球內有什麼？然後將氣球逐漸放氣，靠近幼兒的臉讓其感受空氣流出。

2. 教師再言：我們知道空氣從口鼻進出我們的身體，空氣連小瓶子裡都有，也知道它是佔有空間的實體，那麼真的是到處都有空氣嗎？我們來證明看看。

3. 發給每位幼兒中型垃圾袋，請幼兒在園中各處用袋子捕捉空氣。

4. 活動結束後，問幼兒袋子裡鼓起來的是什麼？每一個地方、角落都可以抓到空氣，讓塑膠袋鼓起來嗎？

5. 最後教師作一統整：空氣是無所不在、佔有空間的實體，雖然我們看不見，但它確實佔有空間，讓袋子鼓起來。

6. 幼兒所蒐集到的空氣袋，可讓其發揮創造力，裝飾成人物。教師可提供廢紙、竹籤、毛線、豆子、黏膠等，鼓勵幼兒創作或作畫（如繪畫臉譜）（圖 6-22）。

7. 將空氣怪人佈置於教室四周，以供欣賞。

圖 6-22　空氣怪人

e.泡泡樂

探索目標：藉遊戲，理解空氣是無所不在的實體。

進行方式與注意事項：

1. 教師示範一次吹泡泡，問幼兒泡泡是什麼？如果幼兒答不出，再問幼兒，我們嘴巴吹出來的東西是什麼？所以泡泡裡面是什麼東西？

2. 教師發給幼兒調好的七彩肥皂水，人手一罐，將幼兒帶至園中空地吹泡泡。

3. 也可讓幼兒將泡泡吹在白紙面上（或用白紙去接飛浮的泡泡），泡泡破後，留下美麗的七彩顏色，形成泡泡畫。

4. 另外，亦可發給每位幼兒一裝水的玻璃罐與吸管，請幼兒用吸管對著玻璃罐中的水吹氣，在吹氣以前先問幼兒會發生什麼事，為什麼？再以行動驗證之，最後教師統整幼兒的經驗。

二、產生壓力

空氣除佔有空間外，它能產生足夠壓力，會推動物體或承載物體，我們雖然看不見它，但可感受其對物體的影響力；流動的空氣（風）會讓我們有感覺，更會對物體帶來壓力或推動它。舉例而言，泳池常見的氣墊中填滿許多空氣，可以承載人的體重；將氣球驟然放氣，它會四處亂竄，飛機即是利用噴氣引擎的原理在空中飛翔。在風中，穿戴的絲巾會飄揚飛舞、紙風車會旋轉不停、風箏會遨翔高飛、地面紙屑會隨風揚起；降落傘往下降時，速度很快，但是空氣對傘面會產生壓力，向上推的力量使得降落傘下降的速度減緩了，以上均為空氣產生壓力或推動物體的具體事實。幼兒教師應提供具體經驗，讓幼兒實際操作，以利概念理解。

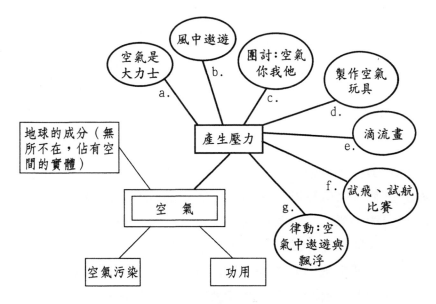

圖 6a-14　空氣主題概念網絡活動圖⑵：產生壓力

━━━ a.空氣是大力士 ━━━

探索目標：親身體驗空氣能產生足夠壓力，推動或承載物件。

進行方式與注意事項：

1. 將一洩了氣的腳踏車內胎丟入水箱中，丟入水前讓幼兒猜測它是沉於水底或浮於水面？（先讓幼兒試拿、感覺重量，再丟入水中）。

2. 將沉於水底的內胎撈起打氣灌風，讓幼兒觀察並以口語形容氣飽膨脹的內胎（讓幼兒試拿、感覺重量）。

3. 將飽氣的內胎再丟入水中，丟入之前，請幼兒猜測它是沉於水底或浮於水面？並請幼兒思考並說明為什麼打氣前後有所不同？

4. 教師可將木板或塑膠板平鋪於圈狀的內胎上，上置以物品，任置物之前，請幼兒猜測物品與內胎會下沉嗎？

5. 亦可將一只氣球置於桌角，將吹口露出，氣球上置以重物，如積木、書本。

6. 用打氣筒打氣，在打氣前問幼兒會有什麼事發生？包括氣球及積

　木、書本。

7. 請幼兒輪流試試看，並說出結果。

8. 最後教師統整：空氣能產生壓力，推動或承載物體，是個大力士。

b.風中遨遊‧c.團討：空氣你我他

探索目標：親身體驗空氣能推動物體的感覺。

進行方式與注意事項：

1. 教師準備長條皺紋紙、絲巾等物，在有風日子的帶幼兒至戶外。

2. 讓幼兒對著風走、背著風走、快跑、慢走、靜立，比較身上不同的感受。問幼兒：風是流動的空氣，如果沒有風，要怎麼樣才能讓彩帶、絲巾飛起來（圖 6-23,6-24）？請幼兒想想看，然後讓幼兒拿著長條皺紋紙或絲巾在風中自由探索、飛舞飄揚（配合音樂）。

3. 回教室後，教師與幼兒圍坐團討，先請幼兒發表不同的走動方式的感受。然後再請幼兒想一想：除了彩帶、絲巾外，什麼東西是靠空氣移動或轉動的？（如風箏、帆船、降落傘、風車等），或什麼動物是在空氣中飛翔的（如蝴蝶、鳥等）。

圖 6-23　風中遨遊⑴

圖 6-24　風中遨遊(2)

d.製作空氣玩具・f.試飛、試航比賽

探索目標：製作能在空氣中遊戲玩的具並親身體驗空氣的壓力效果。

進行方式與注意事項：

1. 教師準備各式紙張、竹籤、碎布、塑膠片、油黏土、線軸、通草盤、皺紋紙、黏膠等。

2. 將幼兒分組——帆船組、飛機組、降落傘等組，幼兒可自行選定材料，自由創作。

3. 在製作過程中，允許幼兒有思考空間，如：帆船、飛機若要跑得快，帆面大小、船重機重、機翼大小應是怎樣才恰當？教師在旁以言語刺激幼兒思考。請幼兒自由探索，每人可製造數個，比較不同。

4. 幼兒可在自己的試驗品中選定一個最理想作品，為其創意命名，如：風火帆、閃電機、流星快劍一號……。然後教師召集大家，分別舉辦帆船賽、飛機賽、與降落傘賽。帆船賽在大水箱中舉行，幼兒用吹氣、搧風方式比賽那艘船較快抵目的地。降落傘賽可在二樓陽台往下丟傘，一部分幼兒在樓下看，或用升旗司令台替代。

5. 活動結束後，教師將代表性作品展示，討論作品的結構為什麼影響速度的快慢？如帆面太小，帆身太重，船就走不快。

6. 若將紙飛機下黏一個充了氣的氣球，猛然放氣就成噴射機，也是很好玩的活動。

e. 滴流畫

探索目標：親身體驗空氣的壓力。

進行方式與注意事項：

1. 教師準備七彩色水，與吸管每人一根。

2. 幼兒將吸管沾水滴在白紙上，然後用吸管對著水滴吹氣，讓水滴四面流散，形成美麗圖案。在過程中，教師可鼓勵幼兒思考吹氣的方向與力道，製造不同效果。

g. 律動：空氣中遨遊與飄浮

探索目標：以身體表徵空氣的壓力對事物的效果。

進行方式與注意事項：

1. 教師準備音樂，請幼兒放鬆身體，假裝在空氣中遨遊，教師並不時地變換空氣流動的速度，請幼兒以律動表現身體的形狀與感受。

2. 教師請幼兒將自己想像成一只氣球，主人在氣球內吹氣，氣球愈來愈大，主人將其綁住吹口。放手後，氣球在空中隨風飄揚，飄啊飄突然碰到樹枝，爆破了，洩了氣。

3. 教師亦可請幼兒將自己想像成風箏在風中飛揚，主人不斷地拉線、放線，愈飛愈高，飛啊飛突然斷了線，飛到看不見的天際。

4. 或者是讓幼兒假扮蝴蝶、鳥、蜜蜂、蜻蜓等動物在天空飛翔，在實作前問幼兒這些動物在空氣中飛，和氣球、風箏、風車在空氣中飛（或轉），二者有何不同？請幼兒思考。若幼兒答不出來，教師再問：氣球、風箏在空中飛需要用很大的力氣嗎？鳥、蝴蝶在大風中飛，要不要用力氣？你在大風中面向風跑，感覺怎麼樣？

三、功用

　　空氣涵養天地萬物是人類、動植物維生的首要條件，生物無法生存於無空氣狀態中，憋氣半分鐘就很令人受不了，真無法想像，沒有空氣的世界會是什麼樣？此外，人類許多的用品是運用空氣而成的，如氣墊、救生衣、救生圈、橡皮艇、醫生用的耳鼻吸管、輪胎、電風扇、吹風機、吸塵器等，帶給人類生活方便與舒適。風力還可用來發電，提供人類能源，許多植物的種子是靠風媒傳宗接代……。對幼兒而言，繽紛的氣球、高飛的風箏、旋轉的紙風車，以及運用空氣的吹奏樂器，如口琴、笛子可能更有意義。

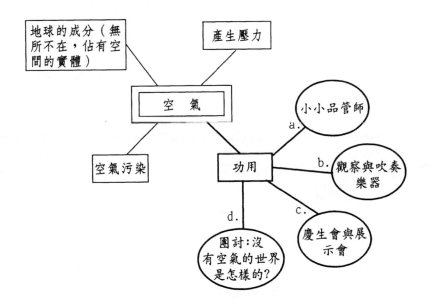

圖 6a-15　空氣主題概念網絡活動圖(3)：功用

━━━━━━━━━━━ a. 小小品管師 ━━━━━━━━━━━

探索目標：藉實際操作，理解空氣對人類生活的貢獻。

進行方式與注意事項：

1. 教師準備電風扇、吹風機、吸塵器、氣墊、救生圈等與空氣有關的用品，告訴幼兒要玩一個品質檢驗的遊戲，假裝這些物品是剛從工廠做出來的，還沒拿到市場去賣，要經過品質檢驗才能出廠上市。

2. 請幼兒假扮品質管制工程師，對每一項貨品親身仔細地檢查。讓幼兒插電吹吹看風力強不強（電風扇）、觀看風葉怎麼運轉；冷熱風大小強度適當嗎（吹風機）？出風口對著臉感覺怎樣？對著濕的手帕呢？吸塵器可以吸得起小紙屑？綠豆？沙？對著手吸的感覺怎麼樣？救生圈有沒有漏氣？要怎麼知道有沒有漏氣？怎麼檢查？

3. 最後問幼兒，當風扇、吹風機插電後吹出來的東西是什麼？吸塵器也插電，它和電風扇、吹風機有什麼不同？

4. 如果有舊的、壞的電風扇、吹風機、吸塵器，可以放在學習角，讓幼兒探索。

b.觀察與吹奏樂器

探索目標：實際體驗空氣振動可發出聲音，作成好聽的樂器。

進行方式與注意事項：

1. 教師準備笛子、口琴、口風琴、哨子等樂器，讓幼兒自由吹奏一段時間。

2. 教師問幼兒吹笛子、口琴，用身體什麼部位吹？吹出來的是什麼？請幼兒先吹氣於手，然後再拿起樂器，嘴離樂器一小段距離吹氣，再將樂器對嘴吹氣，比較有何不同。然後再讓幼兒用力吹氣與輕輕吹氣，比較聲音效果。也可讓會吹口哨的幼兒試著吹給大家聽。

3. 教師亦可準備臘紙，發給每位幼兒一小片，將之對摺後，對著臘紙吹氣，發出聲響，製作發聲器。

c.慶生會與展示會

探索目標：親手製作運用空氣的玩具。

進行方式與注意事項：

1. 選定一天舉行慶生會。在慶生會前教師告訴幼兒，在慶生會當天除了要吹很多的氣球外，還要展示很多的與空氣有關的玩具，邀請父母前來參加，請幼兒先想想看有哪些？

2. 大家分工，作飛機、風車、風箏、帆船、降落傘等，教師告訴幼兒這次不是比賽快慢，是要看誰做得最有特色、最特別和別人不一樣。教師鼓勵幼兒思考創作，例如：有流蘇的紙扇、有臉譜的風車，並為作品創意命名。

3. 慶生會當天，邀請父母、全園老師、行政人員，除了吃喝慶祝外，父母亦可購買幼兒的成品。

4. 如果幼兒想製作電風扇、吹風機、吸塵器等用品亦可，教師提供大量的廢物，如：大小紙箱、塑膠容器、紙卡，協助幼兒製作。

d.團討：沒有空氣的世界是怎麼樣？

探索目標：透過團討，思考空氣對人類的重要性。

進行方式與注意事項：

1. 幼兒經歷上述各項活動後，教師可運用團討，將幼兒的經驗統整，讓其思考空氣對人類各方面的貢獻（可將小小品管師活動中所呈現的用品展示於團討中，讓幼兒有討論的起點）。

2. 教師再讓幼兒思索沒有空氣的世界會變成什麼世界？鼓勵幼兒運用思考力，例如：全部死光光、不會游泳的人沒有救生圈可以用、風箏不能飛、生日 Party 沒有氣球不好玩、樹葉不會動了……。

四、空氣污染

　　空氣是人類每刻呼吸所必需之物，然而空氣的品質已被污染變

為污穢不堪且有害健康，例如：騎車經過市區，變得滿臉污黑。這些污染源包括工廠所排放的廢氣、發電廠排放的廢氣、車輛所排放的廢氣、垃圾焚燒的廢氣，諸如二氧化硫、氮氧化物、二氧化碳、一氧化碳等氣體。不但如此，這些廢氣也讓我們的大氣層積存了過多的熱氣，以致發生變化，造成「溫室效應」，在未來世紀裡就會帶來海平面上升、土地被掩沒、乾旱之地加大、有害動物滋生⋯⋯等嚴重問題。此外，大氣中的臭氧層也因有毒化學氣體（氟氯碳化物）而致破洞，無法抵擋外來的紫外線，對人類將會造成莫名傷害。有些有毒化學物質，如二氧化硫和一氧化氮，在空中游離形成酸雨與酸霧，會嚴重危害草木、江河與建築物。空氣污染問題已相當嚴重，人類豈可坐而視之？環保應納入課程自幼做起，豈能光說不練？幼兒教師應提供幼兒相關錄影帶與圖書，以供幼兒觀賞與討論，並應帶幼兒實際外出，感受污染的空氣。

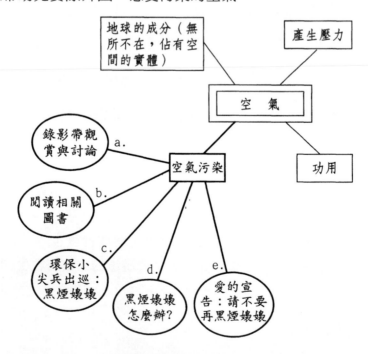

圖 6a-16　空氣主題概念網絡活動圖(4)：空氣污染

c.環保小尖兵：黑煙裊裊

探索目標：讓幼兒實地了解空氣污染的情形。

進行方式與注意事項：

1. 帶幼兒至街道鬧區與郊區工廠處，尋找並觀察空氣污染源頭，如：公車、摩托車排放的黑煙，工廠的煙囪，垃圾焚燒的黑煙。教師並將這些污染源攝影。
2. 教師準備透明玻璃瓶對準機車排煙管蒐集黑煙。
3. 回園後，請幼兒用衛生紙擦拭臉頰，或用棉花棒擦拭鼻孔，觀察衛生紙、棉花棒的顏色，並將所蒐集的黑煙瓶透過實物投影機，讓幼兒觀看瓶內空氣污染情形。
4. 詢問幼兒當小尖兵出巡的感想如何？這樣的空氣你敢呼吸嗎？
5. 最後請幼兒將出巡所見的情形繪畫下來，並口語分享。

d.黑煙裊裊怎麼辦？• e.愛的宣告：請不要再黑煙裊裊

探索目標：讓幼兒思考如何防治污染的空氣及大氣層變化。

進行方式與注意事項：

1. 請幼兒圍坐，觀看教師所拍攝的空氣污染源影片或照片，以及所帶回污染的空氣瓶，教師以圖卡稍作解釋這些廢氣對大氣層形成何種影響與變化，以及臭氧層破洞與酸雨如何形成？還有對人類影響。
2. 教師提出問題：「我們呼吸的空氣與大氣層已遭人類破壞與污染，請小朋友思考有什麼辦法可以拯救我們的地球？」
3. 教師引導幼兒思考各種方法，諸如：家庭節約用電、少用冷氣（含有氟氯碳化物）、工廠少排廢氣（二氧化碳、一氧化碳、二氧化硫）、少焚燒輪胎（或垃圾）等廢棄物等。
4. 最後教師協助幼兒把拯救地球的方法，寫成「愛的宣言」，幼兒在宣告旁繪圖作記，然後貼在社區公佈欄，並請幼兒回家與父母

分享如何拯救地球，讓人類有清新的空氣與合宜的居住環境。

第四節　天氣

天氣的變化影響人類生活至鉅，無論是炎熱的大晴天、刮風、起霧、下雨、雲層甚厚的陰天，都可能會改變我們預定的行程。例如：幼兒每日均須仰賴氣象預報資訊或室外天氣狀況以決定穿著的多少，或察看校外教學是否取消或如期舉行。太陽是地球的熱源，水的循環形成了烏雲密佈，甚而降雨或起霧，強烈的風形成颱風。太陽的熱力、風、與水共同作用，形成了天氣狀況，無論是那一種天氣類型均由此三要素所構成。適合幼兒探索的天氣概念包括：(1)太陽：溫暖地球；(2)風；(3)降雨（水的循環）；(4)對人類影響。針對以上概念所設計的活動與教材應是具體化、生活化與經驗化，讓幼兒親身體驗並理解某種特定天氣之所以形成之因。在幼兒探索的過程中，教師要儘量以各種問題引發幼兒運用科學程序能力——思考、推理、預測、溝通等。

一、太陽：溫暖地球

太陽是地球的熱源、光源與能源（圖6-25），陰冷的多天若出現太陽頓覺暖和；陽光對地球的照射角度形成不同的氣候地帶，如寒帶、溫帶、熱帶；陽光照射與地球自轉的關係形成白天與夜晚；沒有陽光，地球是冰冷的，也看不見。萬物均須賴陽光的滋潤方得以成長，尤其是植物運用陽光行光合作用，自製養分並提供其他生物糧食。

圖6-25 太陽：地球的熱源、光源、能源

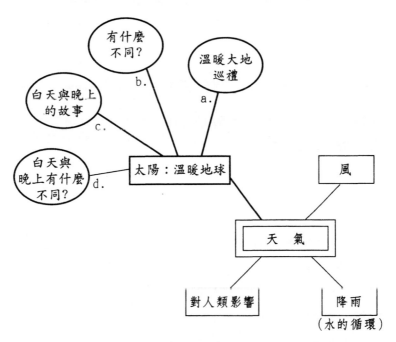

圖6a-17 天氣概念網絡活動圖⑴：太陽—溫暖地球

a.溫暖大地巡禮

探索目標：親身體驗太陽帶給地球溫暖。

進行方式與注意事項：

1. 將幼兒帶至校園中艷陽處走一圈，問幼兒感覺如何？再帶幼兒到陰涼處，問幼兒感覺如何？請幼兒比較前後感覺，並問為什麼感覺會不同？請幼兒赤腳走在日照水泥地上與陰涼地板上，比較二者感覺，並問為什麼感覺會不同？

2. 請幼兒做小小探索家，找尋園中溫暖、熱熱的地方，答案可能是校車、教室外牆、鐵製遊樂器材，讓幼兒自行發現答案，並詢問幼兒為什麼這些地方是熱熱的、溫暖的？

3. 教師找到一顆被日照曬燙的石頭，請幼兒摸摸看，並將石頭底部翻轉過來，請幼兒也摸摸看，比較不同，並問幼兒為什麼同樣一顆石頭，上面是熱的，下面是冷的？

b.有什麼不同？

探索目標：藉實驗，理解太陽是熱源，帶給地球溫暖。

進行方式與注意事項：

1. 教師準備沙、水各二盤，讓幼兒觸摸，感覺沙、水。其中一盤沙、水置於日照下，一盤沙、水置於陰涼處。

2. 請幼兒預測到了下午，在日照中與在陰涼處的沙與水各會是怎麼樣？

3. 請幼兒在下午觀察二處沙、水的情形，允許幼兒用手摸，感覺溫度。

4. 在團討時，請幼兒以口語說出二處沙、水各有何不同？與早晨的沙、水比較有何不同？是什麼因素造成不同？

5. 將置於二處的沙、水盤仍置於原地，留待隔夜觀察。

c.白天與晚上的故事

探索目標：藉實際操作，理解白天與晚上的形成。

進行方式與注意事項：

1. 教師在團討時問幼兒：晚上和白天一樣熱嗎？晚上出來散步與白天出來散步感覺一樣嗎？為什麼不一樣？

2. 將隔夜的沙、水盤拿出，請幼兒以手觸摸，感覺現在的沙、水和昨天下午的有何不同？為什麼會不同？

3. 教師準備地球儀與手電筒，讓幼兒找出地球儀上的中國，用膠帶黏貼。將教室燈關掉、拉上窗簾，開始告訴幼兒白天、晚上形成原因。

4. 教師請一位幼兒手握手電筒，囑其不要晃動，然後將地球儀的中國處面對手電筒，漸行背離手電筒，直至完全背光。詢問幼兒背光時的感覺是什麼？面光時的感覺是什麼？將白天、晚上形成原因告訴幼兒。

5. 請幼兒一人轉動地球儀，一人手握手電筒，輪流操作。

d.白天與晚上有什麼不同？

探索目標：親身體驗、表徵白天與晚上的不同。

進行方式與注意事項：

1. 教師以家庭親子作業的方式，請家長帶領幼兒於夜間散步，觀看街道與天空，於第二天早晨團討。

2. 教師詢問幼兒，晚上散步時和白天在學校散步時一樣熱嗎？為什麼？白天天上有什麼？晚上天上有什麼？有什麼不同？以及晚上時間你在做什麼活動？家人在做什麼活動？和白天的活動有何不同？

3. 教師請幼兒將白天、晚上所進行的活動繪出，或以律動表現白天、晚上活動的不同。

4. 教師可以手持手電筒，讓幼兒扮演地球自轉。當中國（幼兒的前胸）背光時，就請幼兒馬上做出晚上的活動，如：洗澡、睡覺，當面光時，就做出白天的活動，如：上學、跳舞。

5. 也可讓幼兒自由在娃娃家扮演白天、晚上的故事與活動。

二、風

　　流動的空氣就形成風，當地球表面受太陽照射，暖空氣冉冉上升，使得在暖空氣之下的冷空氣受到影響，在空間中，急速流動就會形成風，吹動樹梢、旗子、頭髮（因為空氣有壓力會推動事物）。微風讓人舒服，強大的風如狂風、颱風、颶風會造成農作物損失、房屋倒塌，若挾帶雨水形成暴風雨，更會帶來無以復計的損失。

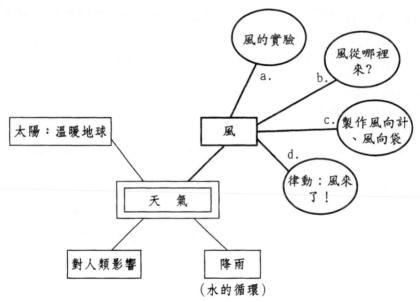

圖 6a-18　天氣概念網絡活動圖(2)：風

━━━ a. 風的實驗 ━━━

探索目標：親身體驗溫暖的空氣上升，引起冷空氣流動形成風。

進行方式與注意事項：

1. 教師準備 100 燭光電燈泡（將檯燈燈罩拿掉），在還未插電前請幼兒感受燈泡上的空氣溫度，發給幼兒小紙條，請幼兒以指尖持

於燈泡上，注意看紙條的一端（微微下垂），並繼續請幼兒將紙條持於燈泡之上。

2. 點燃燈泡，請幼兒說出燈泡上空氣的感覺（熱、溫暖），持續一會後，請幼兒注意看紙條一端的變化（慢慢上揚），提醒幼兒前面學過移動的空氣會推動事物，問幼兒燈泡上的暖空氣是往哪個方向推動？（上方）向幼兒解釋熱空氣總是往上升的，像水壺中的水滾後，水蒸氣上升、煙囪的煙上升一樣。

3. 教師將前一個概念──太陽溫暖地球提出，說明溫暖的土地上面的熱空氣也和燈泡上面的熱空氣一樣是往上升的。暖空氣往上升，下面的冷空氣於是在原有暖空氣空間中急速流動，流動的空氣就形成風。

4. 最後請幼兒用紙張、扇子等讓空氣流動，製造風，並製造各種強度的風。

b.風從哪裡來？・c.製作風向計、風向袋

探索目標：親身體驗風從哪裡來，並製作測風向的工具。

進行方式與注意事項：

1. 問幼兒今天有風嗎？你怎麼知道有風的？幼兒可能會說，因為樹葉一直在搖動、因為我看到外面曬的衣服在飄動、因為紙屑都飛了起來……，教師趁機將空氣會對物體形成壓力或推動物體的概念複習一次。

2. 教師將幼兒帶至室外，讓其在風中遨遊，然後問幼兒，風從哪裡來？你怎麼知道風從哪邊來？讓幼兒以手指沾口水，觀看手指哪一面先被風乾？

3. 進教室後，教師發給幼兒布、紙張、竹籤、吸管、硬紙卡、黏土等物，讓幼兒製作能得知風向的有東西南北的「風向計」、與隨風鼓揚的「風向袋」（圖6-26,6-27）。

4. 成品完成後，請幼兒拿至戶外安置、懸掛，以測知風向。

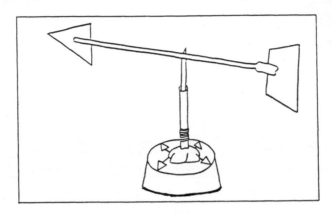

圖 6-26　風向計

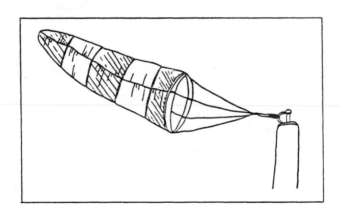

圖 6-27　風向袋

d.律動：風來了！

探索目標：以肢體、聲音表徵風的強度。

進行方式與注意事項：

1. 教師儘可能錄製風呼嘯而過的聲音，如果沒有，則以口語模擬各
   種強度的風聲，或以口語形容各種強度的風，如：「風微微地吹
   了過來，好舒服啊！風愈吹愈大，變成強風……變成颱風把屋頂

都吹走，樹也倒了……。」

2. 請幼兒以肢體扮演、律動各種強度的風，並可發出風的吹拂聲。

3. 也可讓幼兒製作簡單的風鈴，如運用廢棄的玻璃瓶與數個瓶蓋，聽風吹拂在風鈴上的聲音。

三、降雨

在水的三態部分，吾人提及液態的水遇熱蒸發成氣態的水蒸氣，氣態的水蒸氣又遇冷凝卻還原成液態的水。這樣的空氣溫度改變了水形態的「水的循環」概念，可以在此一部分擴張成為理解降雨原因的基礎。雨的形成乃為「蒸發」與「凝卻」兩種作用所共同造成的，幼兒教師要運用具體實作經驗，設法讓幼兒理解降雨：地面的水受陽光照射，受熱蒸發變成水蒸氣，進入空氣裡，暖而濕的空氣被太陽照射變得較輕因而上升。當熱空氣上升至冷的高空處（氣溫隨高度而改變），空氣中的水蒸氣便會凝結成小水點。聚結在一起的小水點，就是天上所見的雲。當雲裡的小水點匯集得太多、太重時，便會掉落地面即降雨也。若暖而濕的空氣遇到寒冷的地面或海面，暖氣會冷卻，所含的水蒸氣則凝結成很小的水滴，就形成「霧」。例如：晚間的地面很冷，靠近地面的水蒸氣會凝結，因而早晨起來就可看到霧氣茫茫、籠罩大地。

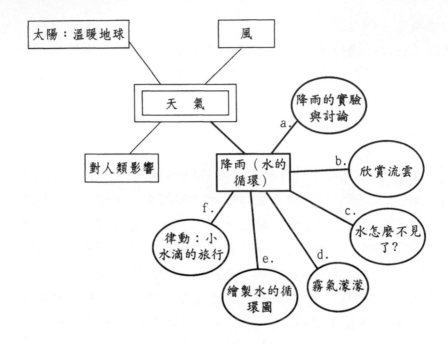

圖 6a-19　天氣概念網絡活動圖(3)：降雨（水的循環）

━━━ a.降雨的實驗與討論 · e.繪製水的循環圖 ━━━

探索目標：藉實驗與圖解，理解雨形成之因。

進行方式與注意事項：

1. 將水單元所進行的「水又出現了」活動，再次呈現給幼兒，讓幼兒憶起水遇熱變成雲霧狀的水蒸氣、水蒸氣遇冷又凝卻還原成水。

2. 將所預製的「水的循環」海報呈現於幼兒，將實驗與海報圖示兩相對照，詳細解說，強化蒸發作用與凝卻作用形成了雲，最後降雨而下。提醒幼兒雲霧也是水蒸氣，只是高高在天上，所以不熱，因爲小小水滴很輕可以浮在空氣中，當水愈聚愈多、愈來愈重，就無法浮於空氣中，於是降下雨來。

3. 請幼兒試著就海報圖示，解說一遍，但說不出也無妨。

4. 老師將水的循環圖中基本的山、海、河流繪好，影印在白紙上，

供給幼兒棉花、彩筆、顏料、棉線等，繪製雲（棉花）、太陽、雨（棉線），幼兒可將雲染色，並將製作好的圖樣，用彩色筆標出水的循環方向。

5. 最後請幼兒將製作好的水循環圖，在團討中以口語解說。

6. 隨機抓住下雨天，讓幼兒穿雨衣在小雨中感受雨，雨後並讓幼兒玩水窪。

├────── b.欣賞流雲・c.水怎麼不見了？──────┤

探索目標：實際體驗，增進對降雨概念的理解。

進行方式與注意事項：

1. 在溫暖的天氣裡，教師用小紙盤裝水，上面作水痕的記號，帶領幼兒赴室外，將水盤置於日照下，問幼兒等一下水會有什麼變化？

2. 讓幼兒躺在草地上欣賞天上的流雲變化，問幼兒雲像什麼？請幼兒發揮創造思考力，儘量發表。

3. 提醒幼兒雲是聚結在一起的小水點，問幼兒記不記得下雨前與正在下雨時，天上的雲是什麼顏色？向幼兒說明雲中的小水點匯集太多、太重時，就會降下雨來。還有晴天的雲與陰天、下雨天的雲看起來有什麼不同？

4. 觀賞一陣子雲，發給幼兒紙、筆、墊子請幼兒將雲畫下來。

5. 然後教師與幼兒一起檢視原先放於日照下的水盤，讓幼兒比較並畫出新的水痕記號，問幼兒水怎麼不見了？將幼兒注意力引至前所進行的刷刷樂活動，將新舊經驗統整——溫暖的空氣帶走了水、水變成看不見小水滴，水被蒸發了，跑到空氣中了。

├────────────── d.霧氣濛濛 ──────────────┤

探索目標：增進對「溫暖的空氣遇冷凝結成水」概念的理解。

進行方式與注意事項：

1. 讓幼兒呼氣在手上，問幼兒感覺如何？

2. 分給幼兒小鏡子，讓幼兒預測若吐氣在鏡片上，鏡片會怎麼樣？
   （先讓幼兒以手觸摸冰冷的鏡片）。

3. 幼兒吐氣後，讓其比較鏡片上吐氣處與未吐氣處之不同，問幼兒
   鏡片上吐氣處看起來怎麼樣？像不像雲霧狀？摸起來怎樣？濕的
   還是乾的？為什麼是濕的？然後再吐一次氣試試看。

4. 或者在一鍋碎冰上，讓幼兒輪流對著冰塊吐氣，觀看霧氣在鍋中
   出現。在幼兒吐氣前，請幼兒先預測會發生什麼事？為什麼會這樣？

5. 請幼兒每天早上起床注意有無霧氣產生？以及在霧中看東西的感覺。

f.律動：小水滴的旅行

探索目標：運用肢體表徵對降雨概念的了解。

進行方式與注意事項：

1. 教師引導幼兒扮演水的循環故事，湖、海水遇熱變成水蒸氣上升，
   進入空氣中飄浮，升到高空冷處凝結成小水點，小水點聚在一起
   形成雲，雲中的小水滴太多、太重，就掉落地面降雨了！

2. 教師請幼兒想像自己是飄浮在空氣中的水蒸氣、或是一片雲在高
   空中行走變化、或是降落的雨滴，有各式各樣的雨：毛毛雨、傾
   盆大雨、暴風雨……，並用肢體動作表現出來。

四、對人類影響

　　天氣對人類的影響，最明顯的是穿著與活動，出太陽大熱天，
我們穿得少，游泳、嬉水、日光浴、打球，有風的天可以放風箏、
賽帆船、卻無法打羽毛球，下雨天必須著雨衣、帶傘，許多的戶外
活動均取消了。天氣也影響人類的心情，冷風颼颼、淒風苦雨、雲
淡風清、艷陽高照等形容詞代表了不同的寫照。適度而充足的陽
光、空氣與雨水是萬物生長的契機要素，但過量的太陽、風、雨均
會帶來巨大的損失，如乾旱已久，作物枯垂、土地崩裂，颱風過
後，樹倒房塌、作物全毀、果菜供應匱乏，暴風雨造成土石流、河

堤決裂到處氾濫，無以爲生。過與不及皆非人類與地球萬物之福。
幼兒教師應提供各種天氣狀況的錄影帶，如颱風、龍捲風、雷雨、
暴風雨、久旱未雨、天乾地裂的景象，讓幼兒觀賞，以更加理解太
陽、風、雨的交互變化。

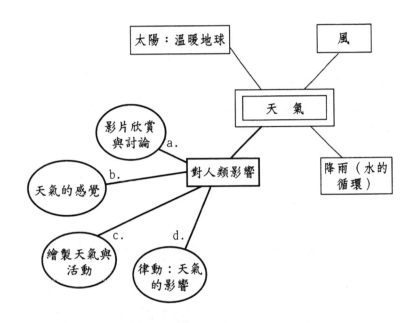

圖 6a-20　天氣概念網絡活動圖⑷：對人類影響

━━━━━ b.天氣的感覺 ━━━━━

探索目標：探究天氣對人類各方面影響。

進行方式與注意事項：

1. 教師召集幼兒，問幼兒今天爲什麼穿這麼多（少）？請幼兒解釋
   原因。

2. 詢問幼兒喜歡什麼樣的天氣？晴天？雨天？陰天？颱風天？寒流
   天？以及爲什麼喜歡某種特定天氣？教師請幼兒以「我喜歡×天，
   因爲……。」造句練習，或「我不喜歡×天，因爲……。」，著

重點在某種特定天氣幼兒的感覺如何？做些什麼活動？不能做什麼活動？

3. 最後老師以一些形容天氣的成語和幼兒分享，如淒風苦雨、冷風颼颼、艷陽高照、秋高氣爽……。

┣━━━ c.繪畫天氣與活動・d.律動：天氣的影響 ━━━┫

探索目標：以繪圖表徵天氣對人類影響。

進行方式與注意事項：

1. 教師發給幼兒圖畫紙，請幼兒繪出「我最喜歡的天氣」與「我最不喜歡的天氣」，並在該天氣構圖中，儘量思考、繪出該天氣可以從事的各種戶外、戶內活動。

2. 將作品分享。

3. 也可讓幼兒以肢體律動表現出天氣的感覺、**影響**，與活動，把好的與不好的面向均以肢體表現。例如：冬天穿得很多、很臃腫、行動不便，熱天可以游泳，適度的雨水可讓草木發芽、生長，強烈的太陽把人都曬昏了……。

第七章　自然力量主題概念與活動設計

　　聲音、光、電是大自然界的能量，可以提供各種動力、推動或改變物體的狀態；磁鐵具有磁力，是一種能吸引或排斥物體的力量，這些都是大自然界的自然現象，與人類生活密切相關，頗值探討。此外，人類使用機械、藉轉換能量或力量來替人類省工、省力，許多複雜的機械均由簡易機械原理所構成；幼兒生性好奇、熱切探索，想發現日常生活中常用的機器為何及如何發生作用，因而在自然力量主題中亦將簡易機械含括。簡言之，「自然力量」主題有五個重要次主題值得幼兒探索：(1)電；(2)光；(3)聲音；(4)磁鐵；(5)簡易機械；本章乃就此五個主題，分節依次討論概念要點與相關活動設計。

第一節　電

　　電對幼兒而言是非常熟悉的東西，因為每日生活均離不了電。舉如：早晨起床想吃烤麵包，要先將烤麵包機插上電源，就有香酥的麵包吃；教室太暗了，將電源開關打開，就頓放光明；太熱了，將電風扇插上電源，就可享受徐徐涼風；洗頭後，只要將吹風機插上電源，就馬上能乾；停電了，只要使用手電筒，就帶來亮光；以上所言之電都是流動的電。此外，在乾冷的天氣裡，將毛衣往上脫，會聽到嗶叭聲，這是靜電現象。有些東西可以傳導電流，有些東西則不能，這也就是為什麼電線外皆須覆以塑膠質料，以及用電

安全之所以重要之因。因此，適合幼兒探討的電基本概念計有：(1)電路（電流）；(2)導電體；(3)功用與安全；(4)靜電。幼兒教師應提供具體化、生活化、經驗化的活動，儘量讓幼兒直接組裝電路、探索導電與非導電物質、製造靜電等，並示以用電安全的重要性。在幼兒探索的過程中，教師要儘量以各種問題刺激幼兒思考，讓幼兒實際運用觀察、推論、分類、比較、預測、溝通等科學程序能力。

一、電路（電流）

我們每天所使用的電是流動的電，流動的電是從電源（如：電池）流出，經由導電體（如：電線），連接電器裝置（如：小燈泡），最後又回到電源處，形成一環形迴路，謂之「電路」（圖7-1）；從電源所提供的能量，在電路中可產生電流，使燈泡發亮。一個完整的電路，由電池的一極流出，又回到電池的另一極，是一個環形路線，是所謂的通路，如果電路有缺口，小燈泡就不會亮，即所謂的斷路。在幼兒探索電路之前，教師必須警告幼兒：電池祗含有微量的電，它比較安全、可以觸摸，但其他家用電之電源是由

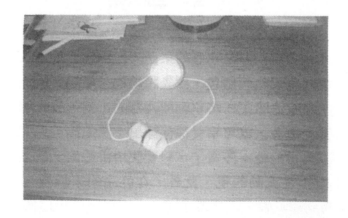

圖7-1 電路

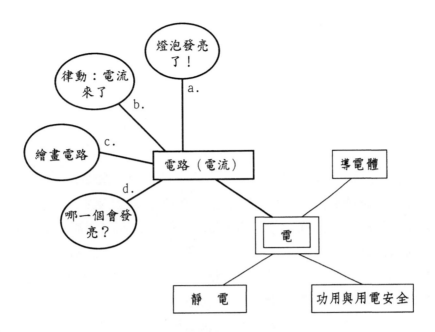

圖 7a-1　電主題概念網絡活動圖(1)：電路

巨大發電機所製造出來，極度危險，要相當小心，不可隨意觸摸。組裝電路看到發亮的燈泡或聽到電鈴響聲，是件十分興奮的事，甚至可將組好的電路與幼兒大積木建構遊戲結合，例如：把發亮的燈泡當成機器怪獸的眼睛，把嗶嗶電鈴聲裝在嘴巴部位，當成機器怪獸鳴叫的聲音（可作一開關裝置，隨幼兒興致開啓鳴叫）。

━━━ a.燈泡發亮了！ ━━━

探索目標：親手操作，認識電路三要素。

進行方式與注意事項：

1. 教師手持電筒，問幼兒手電筒爲什麼會亮？手電筒裡有什麼東西？讓幼兒發表舊經驗。

2. 將手電筒中的小燈泡、電池、電線取出，問幼兒各是什麼東西？（有的手電筒以附著於筒壁的金屬板條取代電線，則指給幼兒

看），將原物組裝回去，打開開關讓燈泡發亮後，再行拆裝取出內物。然後請各組幼兒自行組裝手電筒、操作開關。

3. 教師手持燈泡、電池、電線，問幼兒電動玩具（如小狗）不能走了，要怎麼辦？電池有什麼功用？電池中有什麼？並詢問幼兒如何連接電池、電線、燈泡，才能使小燈泡像手電筒一樣發亮？接著發給各組幼兒電池、電線、燈泡，先讓幼兒嘗試組裝。

4. 教師向幼兒解釋一個完整電路的三個要素：電源、導電體（電線）、電器裝置（小燈泡），並示範如何組裝電路。

5. 幼兒組成電路讓燈泡發亮時，教師請幼兒指出電源、導電體、電器裝置各在哪裡？並以手順著環形迴路，指出電路流向。

6. 教師將焦點拉回手電筒，詢問幼兒手電筒中的電路在哪裡？

7. 教師亦可提供電鈴，讓幼兒組裝電路。

8. 將電池、電線、小燈泡，以及手電筒放在學習角，讓幼兒個別探索、自由組裝。

━━━━━ b.律動：電流來了 ━━━━━

探索目標：藉肢體動作表徵電路概念，促進概念理解。

進行方式與注意事項：

1. 教師扮演大電池，選定一位幼兒代表燈泡，與教師相對一段距離而站，其他幼兒牽手連串、扮演兩條電線。

2. 教師先伸出一手，與左邊扮演電線的幼兒相接，電線再與扮演燈泡的幼兒連接。扮演燈泡的幼兒伸出另一手，與另外一條電線連接，最後扮演電線的小朋友再與老師的右手連接。

3. 當一個環形電路接上後，扮演燈泡的幼兒要抖動身體代表發亮，其他幼兒則發出歡呼聲。

4. 讓幼兒分組，輪流當電池、燈泡、與電線，並配合音樂扮演律動。

c.繪畫電路 · d.哪一個會發亮？

探索目標：藉繪圖、紙筆工具表徵電路概念。

進行方式與注意事項：

1. 幼兒有充足的實作經驗與上述律動經驗後，教師問幼兒小燈泡是怎麼發亮的？它必須和什麼相接？請幼兒在紙面上先用鉛筆繪出一個含有三要素的完整電路。
2. 教師確認無誤後，最後請幼兒用彩色筆或蠟筆塗色。
3. 教師亦可先行繪製正確與不正確組裝的電路圖片，讓幼兒勾選哪一個燈泡才是會發亮的，並用黃色蠟筆或彩色筆在燈泡上塗色，代表發亮。

二、導電體

有些物質可以讓流動的電通過，有些物質則無法讓流動的電通過，能夠讓電流通過的物質謂之「導電體」，不能讓電流通過的物質謂之「絕緣體」。幼兒教師可以在一個電路中的一條電線上製造

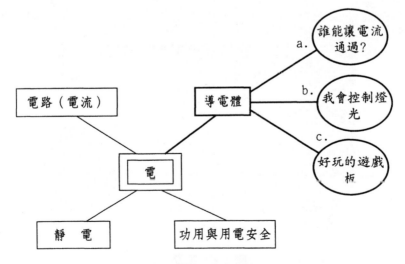

圖 7a-2 電主題概念網絡活動圖(2)：導電體

「斷路」，讓幼兒以各種物質放在斷路缺口上，測試燈泡是否會亮？諸如：粉筆、鐵釘、銅幣、橡皮、玻璃、鋁箔紙、塑膠尺、鐵尺等，如果會亮，就表示該物質可讓電流通過，使斷路連接，形成完整電路，是導電體，反之，則為絕緣體。在幼兒測試過程中，可讓幼兒先行預測某物質是導電體或絕緣體，再以行動驗證之，並將可讓燈泡發亮、不能讓燈泡亮的物質分類堆放，讓幼兒試著下結論——什麼樣的東西是導電體。

━━━ a.誰能讓電流通過？ ━━━

探索目標：實際操作，認識導電體與絕緣體。

進行方式與注意事項：

1. 教師準備三條電線、一個電池、一個燈泡座，組裝一個有「斷路」的電路（圖7-2），問幼兒這是一個完整的電路嗎？為什麼不是完整的電路？為什麼燈不亮？

圖 7-2　斷路

2. 教師再將鋁箔紙、鐵尺、塑膠尺、硬幣、鑰匙、粉筆、玻璃等物
   拿出，問幼兒哪些東西放在斷路缺口上，可以讓電流通過，形成
   完整電路，使燈泡發亮？請幼兒先逐一預測，再驗證，並將可讓
   與不可讓電流通過（燈泡發亮）的物質分別置放兩堆。

3. 請幼兒說明什麼樣的東西才能讓電流通過，使燈泡發亮？

4. 最後教師告訴幼兒可以讓電流通過的物質是導電體（圖7-3），不
   能讓電流通過的物質是絕緣體，並將幼兒的經驗作一統整。

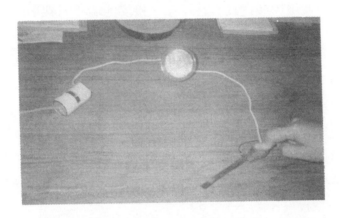

圖7-3 導電體（鐵片連接斷路，使燈炮發亮，是導電體）

b. 我會控制燈光

探索目標：實際操作，理解電路與導電體。

進行方式與注意事項：

1. 教師打開手電筒將內壁之鐵片示予幼兒，並操作開關牽動鐵片，
   請幼兒也試著操作開關，觀看被牽動的鐵片。

2. 問幼兒開關的作用是什麼？開關所牽動的鐵片其作用是什麼？然
   後請幼兒觀看手電筒，教師解釋開關可以完成或打斷電路，當開
   關是開時，鐵片觸及燈座，形成完整電路，當開關是閉時，鐵片

縮回，形成斷路。接著請幼兒操作開關，感受開關的作用。

3. 教師將注意力拉回前所進行的電路活動（燈泡發亮了！），指著燈泡發亮已組裝好的完整電路，問幼兒如何讓燈泡和手電筒一樣能開、能關，燈能亮、也能熄，而不是一直發亮？引起幼兒做開關的動機。

4. 老師協助幼兒，用三條電線組裝一個有缺口的電路，再將注意力引至「誰能讓電流通過」活動中的斷路；引導幼兒思考要怎樣才能像手電筒中的鐵片一樣可以形成完整電路，也可以形成斷路。

5. 最後，教師協助幼兒將鐵片或迴紋針，鉤於斷路缺口的一端並彎折上翹，當鐵片或迴紋針往下壓，接觸他端時，就形成完整電路？

━━━━━ c.好玩的遊戲板 ━━━━━

探索目標：親手操作，認識電路。

進行方式與注意事項：

1. 教師在厚紙檔案夾的正面寫字與繪圖，或製作連連看的測試內容（若為長久多元使用，則將圖與文字寫在貼紙，貼於檔案夾上）。

2. 在檔案夾背面運用電路原理，以電線與腳釘連接正確題目與答案，作成遊戲板夾（圖7-4, 7-5）。

3. 另外再用三條電線與一燈座、電池，作成有缺口的電路，當成測試用工具，在遊戲板上操作。

4. 當上述測試工具的兩條（端）電線在遊戲板正面配對題目與答案時，若答案是對的，燈泡將會發亮（圖7-6），因為前後遊戲板與測試工具所共同連成的電路是一個完整的通路。

5. 教師將製作好的遊戲板正反面示以幼兒，問幼兒為什麼燈會發亮，並請幼兒試著指出完整電路的路線。

6. 最後將遊戲板置於學習角，讓幼兒自由探索與操作。

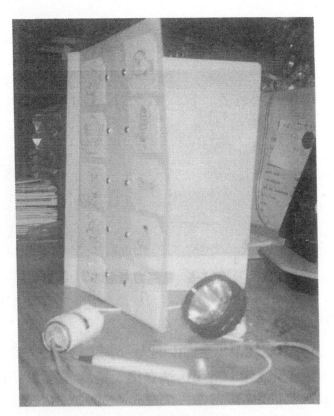

圖 7-4　電路遊戲板⑴

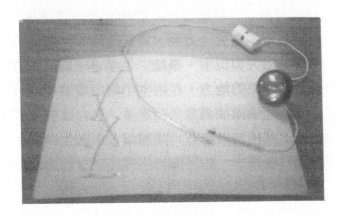

圖 7-5　電路遊戲板⑵

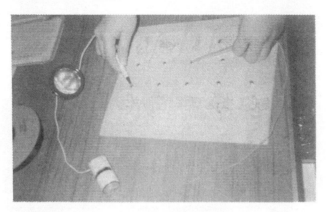

圖 7-6　電路遊戲板(3)

三、功用與用電安全

　　電對人類貢獻極鉅，生活中的大、小家電用品均是靠電方能運作、提供服務，諸如：電視、洗衣機、電鍋、電燈、電腦、冷氣機、音響、電冰箱、吸塵器、烤麵包機等。此外，百貨公司的電梯、電動樓梯，還有電聯火車也是運用電力。幼兒教師可以讓幼兒調查生活中常用的電器用品，以瞭解電對人類的重要性；在地球能源日漸稀少的情形下，理解電對人類的功用與重要性，就會更加愛惜資源、節約用電。在另一方面，電是危險的，若使用不當，就會發生難以回復的損失與災害，舉如：手潮濕時觸摸電器、插頭或開關，插座裝在太濕熱的地方，在浴室中使用電器用品，電暖爐太靠近易燃物品，萬能插頭插滿致負荷過重，私自改裝或修理電器、電路故障等，以上諸種情形都有可能觸電、引起生命危險或火災。此外，地球能源日漸稀少，如何節約用電亦成當前重要課題。

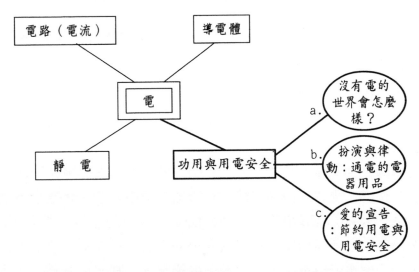

圖 7a-3　電主題概念網絡活動圖(3)：功用與用電安全

┣━━ **a.沒有電的世界會怎麼樣？・c.愛的宣言：節約用電** ━━┫

探索目標：認識電對人類的重要性，意識節約用電的重要性。

進行方式與注意事項：

1. 教師召集幼兒，討論家中有哪些用品是須靠電才能運作的？以及學校中有哪些用品也是須靠電才能運作的？允許幼兒在教室中、園中「調查」一會兒，並在團討中發表。

2. 教師手持電器用品圖卡，將生活中的電器用品簡要歸納後，請幼兒再思考，如果沒有電，世界會變成怎麼樣？幼兒的答案（諸如：晚上要摸黑起來上廁所、不能玩電腦遊戲、沒有電視看了⋯⋯。）

3. 最後，教師請幼兒思考在能源缺乏下，如何節約用電？諸如：隨手關燈、少開冷氣等，最後將節約用電的方法請老師協助書寫，幼兒在旁繪圖註解，製作成「愛的宣言」海報，貼在每個開關或插頭旁，以及學校佈告欄上。

├─ b.扮演與律動：通電的電器用品‧c.愛的宣言：用電安全 ─┤

探索目標：認識電對人類的重要性，意識用電安全的重要性。

進行方式與注意事項：

1. 教師請幼兒逐一扮演各種電器用品，如：洗衣機、烤麵包機、吸塵器、冰箱……。

2. 當教師言：「插上電源」，所有幼兒做出該項電器用品的運作狀態，例如：洗衣機搓挪扭轉、吸塵器四處吸灰塵、烤麵包機下壓上跳（麵包）；當教師言：「拔掉插頭」，所有小朋友均靜止不動。

3. 扮演後，教師與幼兒討論用電安全的重要性與方法，諸如：在浴室中不使用電器用品，不用濕手觸摸電器、插頭或開關，最後將用電安全的方法，請老師協助書寫，幼兒在旁繪圖註解，「製成愛的宣言」海報，貼在每個插頭、開關旁邊，以及學校佈告欄上。

四、靜電

　　有另外一種電和家中所使用的電不同，它就是靜電。靜電會吸引東西，讓東西黏住，在乾冷的天氣向上脫毛衣、以梳子梳頭髮、突然開車門，會聽到啪啦聲響，或以手碰觸物體，伴隨啪啦聲的是突然被觸擊的感覺，這都是靜電現象。這些現象之所以會產生，是因為物質經由摩擦接觸，形成帶「電荷」狀態，由於電荷間有相斥或相吸力，於是致使這些帶電物質產生相斥、相吸現象。摩擦生電現象可以讓幼兒探索，有趣又好玩。

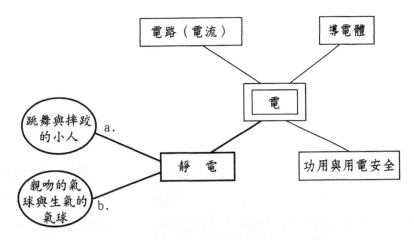

圖 7a-4 電主題概念網絡活動圖(4)：靜電

a.跳舞與摔跤的小人

探索目標：從遊戲中，認識靜電。

進行方式與注意事項：

1. 教師將薄的彩色紙剪出許多可愛的小人形（或碎紙片），散在桌面上，並準備一個透明的塑膠盒蓋。

2. 將盒蓋用力摩擦一陣，然後置於小人（或碎紙片）之上。在蓋住之前，請幼兒預測會發生什麼事？及為什麼？

3. 讓幼兒觀察在盒蓋內飛舞而上，黏在盒蓋的小紙人（或碎紙片），問幼兒小紙人為何被黏住？

4. 也可改成用五顏六色的錫箔紙剪成小碎片，在透明盒中紛紛上舞與下墜，煞是好看。

5. 最後讓幼兒自己剪紙人、自己摩擦，觀看靜電作用。

6. 若無透明盒蓋，可以成塑膠墊板。

b.親吻的氣球與生氣的氣球

探索目標：從遊戲中，認識靜電。

進行方式與注意事項：

1. 請幼兒在吹漲的氣球上，用永久色筆畫上可愛、滑稽的臉型。

2. 然後將氣球臉譜面在毛衣上摩擦一陣，問幼兒如果將氣球靠近臉頰會怎麼樣？及為什麼？

3. 將臉譜氣球靠近幼兒的臉頰，幼兒的頭髮可能會被吸引，且氣球可能會黏在幼兒臉上，問哪一位幼兒還想被氣球親吻？

4. 將兩個用線綁住、畫了臉譜的氣球分別在毛衣上摩擦，然後將兩個氣球提在手上，他們會分開來，彷彿生氣的氣球、彼此轉臉。

5. 教師最後向幼兒解釋摩擦生靜電的現象，詢問幼兒生活中靜電的經驗。

第二節　光

　　光使人類放眼能見，真無法想像沒有光的日子要怎樣渡過？光源有自然的，如：陽光、月光、星光，與人為的，如：燈光、蠟燭光、手電筒光。光是以直線方式前進的，當光源碰到了障礙物體，就會形成影子，光也可被物體所反射，如鏡子、光滑的平面鍋，而光的顏色是七彩的。幼兒皆有玩過陽光下踩影子、用鏡子反射光線的遊戲，探索光是好玩、有趣的活動，且對概念也有助益。因此，適合幼兒探索的光基本概念計有：(1)功用；(2)影子的形成；(3)反射；(4)光的顏色。幼兒教師應提供具體化、生活化、經驗化的活動，讓幼兒直接探索光如何前進？影子是如何形成？用各種物質測試光被反射情形，以及實際玩弄、觀察光譜顏色等。在幼兒探索的過程中，教師要儘量以各種問題刺激幼兒思考，並讓幼兒實際運用觀察、推論、預測、溝通等科學程序能力。

一、功用

　　光源有自然的、也有人為的，無論是自然的、抑是人為的，它帶給人類光明溫暖的世界，趕走黑暗。太陽的光除了照明、溫暖、使植物生長外，也是一種能源；人為的光，除了照明、裝飾、娛樂，還用在交通號誌、指示進港船隻等。

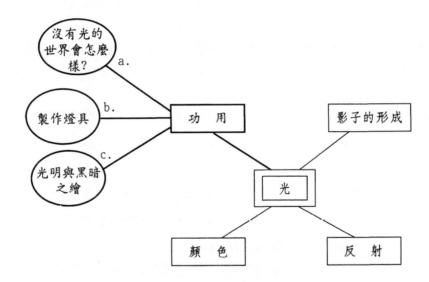

圖 7a-5　光主題概念網絡活動圖(1)：功用

├───── a.沒有光的世界會怎麼樣？・c.光明與黑暗之繪 ─────┤

探索目標：體驗、表徵光對人類的重要性。

進行方式與注意事項：

1. 教師召集幼兒，討論光是從哪裡來的？有哪些東西可以發光？在哪裡可以看見發光的東西？（諸如：廣告霓虹燈、餐廳的鐳射光、家裡的電燈、街道的路燈、天上的星星、太陽、打火機、蠟燭、手電筒……。）

2. 教師請幼兒思考，光給人類帶來什麼好處？沒有光的世界會怎麼樣？教師接受各種創意的答案。

3. 教師請幼兒戴上眼罩，假裝世界沒有光亮，讓幼兒自由移動，感受一下沒有光的世界。

4. 或製作一「窺視盒」，盒裡放一個小紙人，在側邊打一個小洞，只容一個眼睛窺視，而在盒子上方打一個較大的洞，但用黑色膠紙貼住。讓幼兒比較貼上膠紙與撕開膠紙的感受。

5. 請幼兒自由發表在沒有光的世界的感受。

6. 最後請幼兒將光明與黑暗的感覺以圖畫表徵，或是將光明與黑暗的情景繪出，如：閃耀的霓虹燈街景、黑夜星空……。

b.燈具製作

探索目標：藉實際製作，強化光對人類貢獻的認識。

進行方式與注意事項：

1. 教師準備各種回收的廢物，如大的透明塑膠盒、紙盒、厚紙板等。

2. 教師問幼兒看過哪些種燈？（如燈籠、檯燈等）請幼兒運用思考，利用回收廢物創作燈罩、燈籠。

3. 老師協助幼兒組裝電路，將小燈泡置於燈籠或燈罩內。

二、影子的形成

　　光是以直線方式前進的，例如：早晨的陽光從門縫中篩入，手電筒所發出的光均是直行的，所謂光「線」也，不無道理。光可以穿過某些東西，但並不是所有的東西均能穿透，若是在光線前進時，遭物體阻擋，擋住了前進的路線，光不能穿透物體，就會在物體的後面形成陰影。在前一章吾人提及白天與晚上的形成，其實晚上就是轉動中地球的背面陰影。運用各種活動讓幼兒探索光線的照射路線，測試光可以穿透哪些物體？不能穿透哪些物體？像這樣在遊戲中，幼兒自然會發現陰影的形成，接著再讓幼兒刻意製造陰

影，如皮影戲、或玩影子遊戲──踩影子、創作影子等，都是很有趣味、且能強化概念的活動。

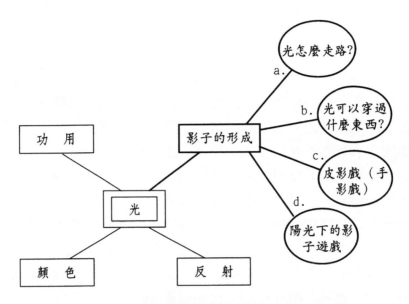

圖7a-6　光主題概念網絡活動圖⑵：影子的形成

a.光怎麼走路？

探索目標：藉實際操作，理解光是以直線方式前進。

進行方式與注意事項：

1. 教師手持手電筒問幼兒光是怎麼走路的（照射出去）？是直直的向前走？還是彎彎曲曲地像蛇走路一樣？

2. 供給幼兒塑膠水管（或紙巾捲筒），讓幼兒將水管彎曲成 S 形或其他非直線形狀，請幼兒用手電筒對準水管照射，以探究答案，看手電筒的光可以走彎曲路線照射出來嗎？

3. 或讓幼兒儘情地將水管或捲筒連接得長長的，用手電筒照射一端，觀看另一端所照出之光。

4. 最後請幼兒發表光是如何前進的。

┝━━━━ b.光可以穿過什麼東西？ ━━━━┥

探索目標：從操作中，自然理解有些東西是光無法穿透的，會在該
　　　　　物背後留下陰影。

進行方式與注意事項：

1. 教師準備玻璃片、毛玻璃、衛生紙、蠟紙、彩色透明玻璃紙、塑
　膠片、盤子等各種物質，以及手電筒，將教室燈光關暗，面對一
　面牆，問幼兒光可以穿透過這些東西、照在牆上嗎？有哪些可以
　穿過？有哪些不能被穿過？為什麼？

2. 請幼兒自行對著牆面，用手電筒試照每一種東西，觀看每一種東
　西是否能被光穿過，在牆面投射清晰的光？

3. 教師請幼兒將可以被光完全透過的東西，光可以穿過一點點的東
　西，以及完全不能穿過（在牆面留下陰影）的東西，加以分類擺
　放；並請幼兒就每一類物質說明光穿過的情形（在牆上的投影情
　形，如：很亮、模模糊糊、很暗有影子）。

4. 最後，教師做一統整，讓幼兒更加瞭解：光在前進時，若遭物體
　阻擋，光線無法繼續前進就會在該物後面形成陰影。教師可以問
　幼兒：為什麼有些教室要使用毛玻璃，它的作用何在？

┝━━━ c.皮影戲（手影戲）‧d.陽光下的影子遊戲 ━━━┥

探索目標：在遊戲歡樂中，更加理解影子是如何形成。

進行方式與注意事項：

1. 延續上個活動，教師可準備較強的且固定的燈光或投影機，讓幼
　兒盡情的探索影子。

2. 教師可先讓幼兒用自己的手作影子造形、投射於牆面（圖7-7），
　然後是整個身體，或者是數人合作的造形。在進行中，教師可用
　言語激發幼兒思考距離、方向、位置對於投影效果之不同。

3. 探索完身體，教師鼓勵幼兒用任何物體、玩偶於牆面上投影；接

著是以厚卡紙剪出造形，幼兒可剪出自己喜歡的造形黏貼在竹籤棒上，便可投影於牆面，自行演出戲碼。

4. 陽光下的影子活動可以是用粉筆描繪影子留於地面，並比較不同時段的影子（如早晨、中午、黃昏）；也可以進行自由造形，或合作造形（圖 7-8，7-9）；或進行較為結構性的活動，例如老師要幼兒作一個圓圓的影子（圖 7-10）、長長的影子、中間有洞的影子。此外，互踩影子（圖 7-11）也是很有趣的活動。

圖 7-7　手影造形

圖7-8　影子合作造形：大炮

圖7-9　影子合作造形：毛毛蟲

圖 7-10　影子造形：圓圓的影子

圖 7-11　踩影子遊戲

三、反射

　　光線射在平滑且明亮的物體上，會反射出光線，如將手電筒對準鏡子或將鏡子對準陽光，就會在建築物或牆上反射出光來。許多物質或多或少會反射一些光，基本上愈平滑的面、愈明亮的顏色，反射的情形較佳。幼兒教師應提供鏡子、鋁箔紙、白紙、深色紙、平底鍋、蠟光紙、玻璃等，讓幼兒預測並比較光反射的情形，以及讓其預測光可能反射在何處？並以行動驗證之。其實，潛望鏡就是利用鏡子的反射原理，讓在潛水艇中的人可以觀察到岸上的活動。

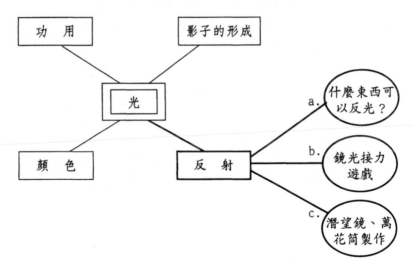

圖 7a-7　光主題概念網絡活動圖⑶：反射

━━━━━━━━ a.什麼東西可以反光 ━━━━━━━━

探索目標：藉實際操作，認識光的反射。
進行方式與注意事項：
　1. 教師準備各種物質，諸如：鋁箔紙、平底鍋、鏡子、白紙、鐵盒蓋、精裝書本、墊板等，以及手電筒，問幼兒手電筒的光對著什

麼東西照，會反射光在牆面上（哪一種東西會反光）？爲什麼？

2. 請幼兒逐一試試每一種東西的反射效果，並比較之，將反射結果由最佳至最差排序。

3. 此活動適合分組進行，讓一位幼兒持手電筒，一位持反射物體，其他幼兒一起觀看比較，然後輪流使用手電筒。在過程中，請幼兒注意觀看手電筒照射物體的方位與角度，以及反射在牆面的位置。

4. 當幼兒發現鏡子、平底鍋等是較佳反射物體時，請幼兒注意觀察並說明這些物體的共有特性。

5. 也可以在陽光下進行此項活動。（圖 7-12）。

圖 7-12　光的反射遊戲

b.鏡光接力遊戲

探索目標：藉實際操作，理解光的反射。

進行方式與注意事項：

1. 教師將手電筒斜對著鏡子，在打開手電筒開關前問幼兒：光會反射在哪裡？爲什麼在那裡？再打開開關驗證之，如是，變換手電筒的方位與入射角度，反覆幾次、讓幼兒猜測與驗證。如有可能，則用繩子拉出光的入射路線與反射路線（註：入射角等於反射角），讓幼兒更加清楚。

2. 發給幼兒手電筒與鏡子照射，讓幼兒先自由探索。教師在過程中，要求幼兒將光反射在牆面的某一點，讓幼兒調整手電筒的方位與入射角，並請其注意入射角與反射角的關係。

3. 接著由老師拿手電筒照射，讓二、三位小朋友拿鏡子，由第一個小朋友反射到第二個，第二個反射到第三個，第三個再反射到牆面，作反射光的接力遊戲。允許幼兒有充分時間探索角度與方位，以形成光接力。

4. 也可用日光代替手電筒，效果更佳。

四、光的顏色

當光源射入透明彎曲的物體，就會形成七彩的光譜，如雨後的陽光照在空氣中的小水滴形成彩虹。教師應讓幼兒探索光的七彩顏色，諸如：運用三稜鏡、透明水箱，或在陽光下吹泡泡。其實雨滴就如同三稜鏡一般，當太陽照射在雨滴上，會在天空形成美麗的顏色，教師亦可和幼兒一起實際模擬彩虹的形成。

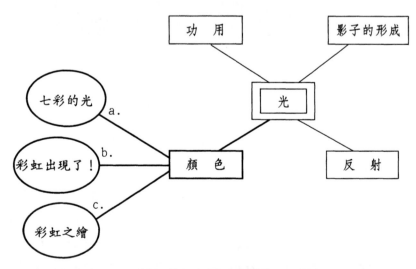

圖 7a-8　光主題概念網絡活動圖(4)：顏色

a.七彩的光

探索目標：認識光是由七彩顏色所組成。

進行方式與注意事項：

1. 教師準備稜鏡，讓幼兒手握稜鏡在陽光下觀察被稜鏡所繞射於地面的光譜，問幼兒可以看到幾種顏色？並說出顏色名稱，並試著在白紙上用麥克筆畫出顏色的順序。

2. 告訴幼兒光只有經過透明而且彎曲的表面才會顯現出七種顏色，再以四方形玻璃罐裝水，置於陽照射處，讓幼兒從罐的角落觀察光的顏色。

3. 或者讓幼兒吹泡泡，觀察泡泡在陽光下閃耀的顏色，問幼兒泡泡為什麼也會顯現七種顏色？

b.彩虹出現了！‧ c.彩虹之繪

探索目標：認識雨滴可以將陽光分出七種顏色的彩虹。

進行方式與注意事項：

1. 問幼兒有沒有看過彩虹？彩虹是怎麼產生的？通常在什麼時候才可以看見彩虹？那個時候有什麼特徵？（雨、陽光）

2. 告訴幼兒彩虹是雨後的陽光照射在空氣中的小水滴所形成的，將幼兒注意力引至上個活動的玻璃水罐、泡泡所形成的七彩顏色。問幼兒為什麼會形成七彩顏色？小水滴和玻璃水罐、泡泡有什麼共同特徵？然後準備鏡子、大盒子、白紙卡片一張，告訴幼兒可以用這些東西製造彩虹。

3. 將鏡子放在大盒子邊緣中，將太陽光反射到另一幼兒所持的白色卡紙上，然後慢慢地倒水入盒子淹蓋鏡子的一部分，並稍微調整鏡子的角度，讓幼兒觀察卡紙上的白光被分成光譜七色，類似彩虹。

4. 最後，請幼兒用彩色筆將美麗彩虹七彩按順序正確地繪畫出來，或者用七彩色紙貼出彩虹。

第三節　聲音

　　我們在一個充滿聲音的世界中，人聲、鳥叫、蟲鳴、機器轉動聲、音樂聲、敲打聲、抽水馬桶聲，吾人視以為當然，然而聲音是怎麼形成的？例如樂器為何能發出聲音？聲音又是如何傳送的？固體、液體的介質可以傳送嗎？以上兩項是頗值探索的概念。幼兒教師應提供具體化、生活化、經驗化的活動，讓幼兒實際探索聲音是如何形成的？例如操作各種樂器，甚而自製克難樂器，使用收錄音機、擴音機，靜聽周遭或山林的聲音，趴在地面用耳朵傾聽遠方來者腳步聲等。在幼兒探索過程中，教師要儘量以各種問題刺激幼兒思考，並讓幼兒實際運用觀察、推論、預測、分類、比較、溝通等科學程序能力。

一、聲音的形成

　　當物體振動（如敲、打、撞等）或來回快速搖動，就會發出聲音，通常由空氣傳介至四周。我們說話時，若手按喉部，會感受到喉部振動；在鼓上放薄紙剪的小紙人兒，打鼓時小紙人便會隨鼓面的振動而跳躍；打擊三角鐵，握三角鐵的手會有麻麻的感覺。形成聲音有三個要素：(1)響度——振幅強弱；(2)音調——聲音頻率高低；(3)音品——獨特音色，如口琴與鋼琴的音色不同。幼兒教師可以提供各種樂器、或讓幼兒自製克難樂器，讓幼兒探索這三個要素。例如：弦樂器的弦其粗細、長短影響其頻率高低。

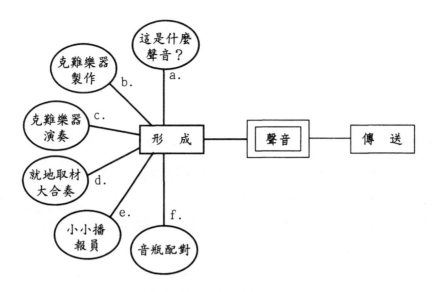

圖 7a-9　聲音主題概念網絡活動圖(1)：形成

━━━━━━━━━ **a.這是什麼聲音？・f.音瓶配對** ━━━━━━━━━

探索目標：讓幼兒對聲音與聲音的形成發生興趣並理解。

進行方式與注意事項：

1. 教師錄下生活中的各種聲音，如：街道上車聲、家裡抽水馬桶聲、彈練鋼琴的聲音、蟲鳴鳥叫、幼兒間吵鬧聲……，將錄音帶放給幼兒聽，請幼兒指認是什麼聲音，以引起動機。

2. 教師問幼兒聲音是怎麼產生的？怎麼樣做就會有聲音？請幼兒製造各種聲音。教師允許幼兒敲打、碰撞東西，或從喉部發出聲音，或使用樂器等。

3. 教師請幼兒發出「啊」聲，用手摸摸喉嚨，說出感覺；再請幼兒在鼓面上放米粒，用力敲打，觀看並說出米粒的反應；或請幼兒將橡皮筋套在書本，用手抓住一端，另一隻手撥弄聲音，抓住橡皮筋的手有什麼感覺（或敲打三角鐵）？再問：這種感覺是怎麼發生的？（為什麼有這樣的感覺？）。

4.最後，教師統整幼兒經驗：物體振動，就會發出聲音；再請幼兒振動任何物體，包括各種樂器，發出各種聲音。

5.延伸活動，可以製作音瓶（用綠豆、石頭、米等裝於瓶子中）一式數個，讓幼兒配對相同的聲音。

b.克難樂器製作・c.克難樂器演奏

探索目標：由實際操作中，認識並體驗聲音的形成。

進行方式與注意事項：

1.教師將幼兒分成三組，分別製作管樂、弦樂、及打擊樂器，並提供真正的笛子、吉他、鼓，以供對照參考。

2.弦樂器的材料，可使用橡皮筋套於扁平的盒蓋上；管樂器材料可使用厚紙卡捲成筒狀，在筒上挖洞；打擊樂器的材料可使用餅乾桶，上覆以蠟紙、用橡皮筋綁緊；或用玻璃水杯裝不等量的水。

3.如有時間，還可製作手搖鈴（用酒瓶蓋敲平，鑽洞綁在鐵製平口罐蓋上）、沙鈴（以石頭、鐵釘、綠豆等放入鐵罐中）等。

4.完成後，請幼兒先自由演奏、探索樂器，再配合背景旋律合奏樂器。

5.在自由演奏階段，教師提出問題讓幼兒思考音調、響度與樂器結構的關係。例如：橡皮筋的鬆緊、粗細、長短不同，所發出的聲音一樣嗎？如果要讓吉他的音調高，橡皮筋是要調緊抑鬆？使用粗的抑細的橡皮筋？並讓幼兒彼此間試驗，比較不同。

6.將幼兒的合奏聲音用錄音機錄下，放給幼兒欣賞。

d.就地取材大合奏・e.小小播報員

探索目標：讓幼兒實際振動周邊物體，發出聲音，體驗聲音之形成。

進行方式與注意事項：

1.教師問幼兒聲音是怎麼產生的？告訴幼兒已經玩過真的樂器與自製的克難樂器，現在要使用天然、最簡單的樂器合奏，請幼兒思考有什麼東西可以振動產生聲音，是天然的樂器？

2. 教師允許幼兒運用周遭各種現成物體，當成樂器，如：敲打馬克杯、刮洗衣板、拍打大腿、甩動紙張、揉搓報紙、將小積木在大盒子中搖晃、用舌頭發出聲音……，並配合背景旋律合奏。

3. 將幼兒的合奏聲用錄音機錄下，放給幼兒欣賞。

4. 延伸活動可以讓幼兒隨意振動喉嚨、發出各種聲音，或唱歌、或說話、或播報新聞，並要求幼兒變化響度與音調高低，用錄音機自行錄下，再供全班欣賞。

5. 教師可以選定一個有變化響度與音調高低的錄音，問幼兒哪一種聲音讓人聽起來舒服愉快？哪一種聲音讓人不舒服？為什麼？

二、聲音的傳送

聲音的傳送須靠介質，例如，建築工地挖地基時，伴隨巨大聲響的是門窗也跟著嘎嘎作響，此乃因為機器振動地面時，附近的空氣也受到振動，因而四散傳播，無疑地，空氣是傳播聲音的介質。除了空氣外，液體與固體也是聲音傳送的介質。在西部片中，常看到牛仔趴在地面或鐵道傾聽遠處傳來的人馬、車聲，地面、鐵道即

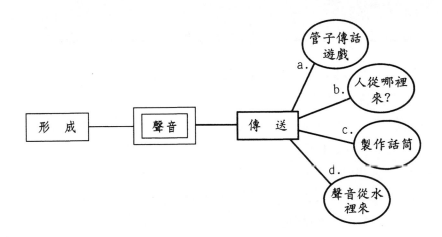

圖 7a-10　聲音主題概念網絡活動圖⑵：傳送

是固體的介質。在釣魚池旁，為什麼大人會警告小朋友噤聲？此乃因為水也是介質，會傳送聲音，若有游泳經驗的人常會發覺在池裡亦可清楚聽見岸上的聲音。

━━ a.管子傳話遊戲 ━━

探索目標：親身體驗空氣是傳送聲音的介質。

進行方式與注意事項：

1. 教師發給幼兒每人一截水管，請幼兒將管子一端對準耳朵，一端則對準嘴巴並小聲的說任何一句話。

2. 問幼兒有聽到自己所說的話嗎？是什麼東西在水管裡面把你的聲音傳到耳朵？讓幼兒將手放在管子的另一端出口，在這一端連續說一段「不！」字或吹氣，問幼兒手有什麼感覺？為什麼有這種感覺？管子中有什麼東西？

3. 提醒幼兒聲音是物體振動而產生的，喉嚨振動發出聲音，管子中有空氣，空氣將喉嚨發出的振動聲，傳出管子，所以你能聽到聲音。

4. 最後讓幼兒分成幾組，兩兩使用管子接力傳話，玩傳話遊戲，看哪一隊傳的正確。

━━ b.人從哪裡來？ ━━

探索目標：親身體驗固體的桌面是良好的傳音介質。

進行方式與注意事項：

1. 教師召集幼兒，請幼兒仔細聽，然後在桌面上輕輕地用指甲刮一下，問幼兒聽到了沒有？是什麼東西，讓桌面上的振動，傳到耳朵？

2. 教師再請幼兒用一手掩住一隻耳朵，另一隻耳朵趴在桌面上傾聽（圖 7-13），問幼兒是什麼東西，讓桌面上的振動傳到耳朵？並請幼兒比較前後兩種聽的方式，哪一個大聲？

3. 請幼兒兩兩一對，輪流刮桌面與傾聽，幼兒自會發現聲音可以經固體介質傳送，且效果比空氣傳送好。

4. 教師請幼兒趴在地板上，一隻耳朵蓋起來，用一隻耳朵傾聽，而且眼睛閉起來，然後請一位幼兒從教室一端走過來，請幼兒辨認腳步聲是從哪個方向來？人在哪裡？為什麼知道從那個方向來？如是進行幾次。

圖 7-13　桌面傳音

c. 製作話筒

探索目標：親身體驗線的傳聲效果。

進行方式與注意事項：

1. 教師準備各種杯子（紙、塑膠、通草等）與線繩（毛線、尼龍線、棉線、電線等），讓幼兒在杯子底部鑽洞當電話聽筒，並穿入線繩當電話線，製成各種電話。

2. 話筒完成後，讓幼兒彼此間對話，比較不同材質話筒、話線的聲音品質。

3. 讓幼兒預測並比較線繩拉緊、放鬆的傳音效果。當線繩拉緊與放鬆時，請幼兒用手摸摸看，感受它的振動並比較之。

4. 請幼兒自由打電話、相互接聽與發話。

━━━━━ d.聲音從水裡來 ━━━━━

探索目標：親身體驗水是傳送聲音的介質。

進行方式與注意事項：

1. 教師在一個空的塑膠桶中用兩根湯匙撞擊，請幼兒將耳朵趴在桶側傾聽。
2. 教師將桶子注水，然後同樣用兩根湯匙撞擊，亦請幼兒趴在桶側傾聽。
3. 讓幼兒輪流撞擊湯匙（或其他物品）與傾聽。
4. 讓幼兒比較第一個與第二個步驟的聲音有何不同！哪一個清楚？
5. 或者將一個氣球充水置放耳旁，然後手持馬錶（緊貼氣球），聽聽看（圖 7-14），並與未有充水氣球的情形，作一比較。
6. 最後教師統整幼兒經驗：空氣、水、固體的物體都可以傳送聲音。

圖 7-14　水的傳音

第四節　磁鐵

　　冰箱上的磁鐵為什麼可以隔著紙張吸附在冰箱上？黑板上的各色磁鐵為什麼可以吸附在黑板上而不掉下？幼兒在生活中可能已有很多使用磁鐵的經驗，探索磁鐵是好玩又有趣的活動。適合幼兒探索的磁鐵基本概念有：(1)吸附力；(2)穿透力；(3)傳介性（磁化）。幼兒教師應提供具體化、生活化、經驗化活動，讓幼兒直接玩弄磁鐵，發現哪些物質可被吸附；或發現哪些物質是磁力可以通過，仍可吸附其下的東西；或自製暫時性磁鐵，瞭解磁化作用。在幼兒探索過程中，教師要儘量以各種問題刺激幼兒思考，並讓幼兒實際運用觀察、推論、預測、比較、分類、溝通等科學程序能力。

一、吸附力

　　磁鐵具有吸附力，它可以吸附某些物質，但有些物質不能被吸附，幼兒教師應提供各種物質讓幼兒測試，試著將可吸附與不可吸附物質分類並下結論——哪種物質可被磁鐵吸附。在幼兒玩索磁鐵的過程中，就可以發現磁鐵的最強處在南北二極（吸附東西最多），而且同極相斥、異極相吸。

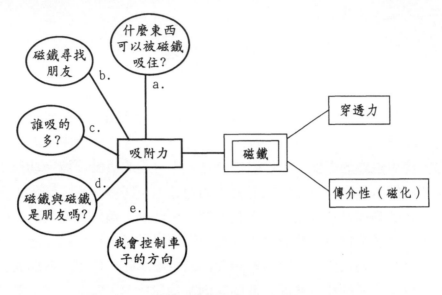

圖 7a-11　磁鐵主題概念網絡活動圖(1)：吸附力

┣━━ a.什麼東西可以被磁鐵吸住？‧b.磁鐵尋找朋友 ━━┫

探索目標：實際操作，發現可被磁鐵吸附的物質。

進行方式與注意事項：

1. 教師分給每組幼兒馬蹄形磁鐵、磁鐵棒，以及各種小東西，如：
   迴紋針、鐵釘、彈珠、鋁箔紙、紙張、橡皮擦等。

2. 請幼兒將磁鐵對著每一種小東西，看會發生什麼事（圖 7-15）？
   當幼兒發現有些東西可以被磁鐵吸住，有些則不能時，教師請幼
   兒將可以被磁鐵吸住與不可被磁鐵吸住的東西分成兩堆。

3. 請幼兒觀察可被磁鐵吸住的東西有什麼特質？和不可被磁鐵吸住
   的東西有什麼不同？問幼兒什麼樣的東西可以被磁鐵吸附，是磁
   鐵的朋友？教師再作一統整。

4. 接著問幼兒在教室內（甚或園內）的哪些東西可以被磁鐵吸住，
   是磁鐵喜歡的朋友？在幼兒預測後，請幼兒在教室內四處以磁鐵
   尋找可被吸住的朋友，驗證所預測的答案是否正確？最後教師再

問：什麼東西可以被磁鐵吸住？

圖 7-15　磁鐵遊戲（看幼兒多麼專注的表情！）

c.誰吸的多？・d.磁鐵與磁鐵是朋友嗎？

探索目標：透過操作，讓幼兒認識磁鐵的兩極吸力最強，以及同極相斥、異極相吸。

進行方式與注意事項：

1. 教師發給各組幼兒馬蹄形磁鐵、磁鐵棒、以及小迴紋針或高腳釘等，請幼兒用磁鐵吸吸看，看誰的磁鐵所吸的迴紋針最多？

2. 當幼兒完成後，請幼兒計數並相互比較吸起多少迴紋針或其他小鐵製品（圖 7-16）。

3. 教師問幼兒：磁鐵上哪個部分所吸的迴紋針最多？為什麼？教師繼而解釋磁鐵的兩端（兩極）力量最強，請幼兒再試試看兩端的吸力，並告訴幼兒磁鐵的一端是南極、一端是北極。

4. 教師告訴幼兒：磁鐵可以吸住他喜歡的朋友，那麼磁鐵和磁鐵之間是朋友嗎？我們用磁鐵最強的兩極試試看。請幼兒將迴紋針收起來，只剩磁鐵棒在桌上。請幼兒把玩磁鐵棒，用手將二根磁鐵

棒的兩端對立並置，看會發生什麼事？手有什麼感覺？

5.若有幼兒發現磁鐵的兩端接近並置時，會突然跳接在一起時，教師問還有沒有不同的情形發生？（若無，請幼兒將其中的一個磁鐵改變方向，用另一端試試看，問幼兒磁鐵有什麼反應？手上的感覺怎樣？）

6.最後教師作一統整，告訴幼兒跳接在一起的磁鐵是不同一極，推斥開來的磁鐵是同極。如能準備鐵粉，讓兩極沾鐵粉，相斥、相吸現象更明顯。

圖 7-16　誰吸的多？

━━━━━━ e.我會控制車子的方向 ━━━━━━

探索目標：藉遊戲，強化同極相斥、異極相吸的概念。

進行方式與注意事項：

1.教師在玩具小汽車的車身上方吸附一塊磁鐵，並用膠帶稍加固著、發給小朋友玩具汽車與磁鐵棒。

2.教師請幼兒以磁鐵棒對準汽車，看會發生什麼事？等幼兒發現某種情況，如：車子一直往磁鐵棒的方向前進，教師問幼兒：若要

將車子後退，要怎麼辦？請幼兒試試看，反之亦然。

3.若幼兒仍無法試出，提醒在前一個活動「磁鐵與磁鐵是朋友嗎？」
　所學到的同極相斥、異極相吸概念。

二、穿透力

　　磁鐵的力量具有穿透性，中間隔著物體仍能吸附起東西，幼兒
教師應提供各種物質，例如：卡片、沙、墊板、木板、水、玻璃
等，讓幼兒探索磁力能穿透過哪些物質？幼兒在嘗試磁鐵隔著各種
物質的吸引力時，就可發現物體的厚度與磁鐵的強度對於吸附力有
一定的作用，例如：磁鐵可隔著五、六張紙吸起迴紋針，但不能隔
著一本書仍能吸附迴紋針。

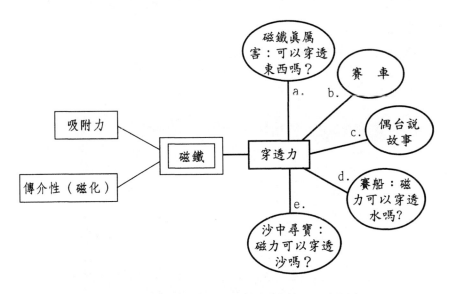

圖 7a-12　磁鐵主題概念網絡活動圖(2)：穿透力

a.磁鐵真厲害：可以穿透東西嗎？

探索目標：親身體驗磁鐵的穿透力。

進行方式與注意事項：

1. 教師在一厚卡紙後黏貼一塊強力磁鐵，將正面用手斜靠在桌緣，成一滑梯狀，另準備一些鐵製小東西。

2. 問幼兒如果將小鐵釘從滑梯上溜下，會怎樣？幼兒一定會說會掉在地上，然後實際驗證之，如是，重複第二次，並請幼兒親身驗證。

3. 當幼兒驚訝於小鐵釘停在滑梯中時，教師將厚卡紙背面翻過來，讓幼兒理解是磁鐵的關係，磁鐵的力量可以穿透厚卡紙；教師以冰箱上的磁鐵可以將重要文件、通知黏在冰箱上補充說明。

4. 教師詢問幼兒：磁鐵的力量可以穿透什麼東西？請幼兒用各種強度磁鐵透過薄片、玻璃、紙卡、墊板等物試試看可不可以吸起小鐵釘、迴紋針等（圖 7-17）？在過程中教師以三、四張紙與一疊紙讓幼兒比較結果，讓幼兒意識物體的厚度與磁鐵的強度有一些影響力。

5. 然後請幼兒用磁鐵在教室四處吸吸看。

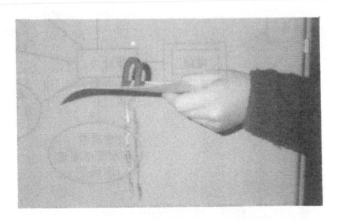

圖 7-17　磁鐵真厲害，可以穿透東西

b.賽車‧ c.偶台說故事

探索目標：在遊戲中體驗磁力的穿透性。

進行方式與注意事項：

1. 在一西卡紙上繪畫 S 型賽車彎道數條的賽車遊戲板，另請幼兒用火柴盒或硬卡紙設計小車數輛，並在車底夾迴紋針或小鐵片。

2. 讓幼兒用磁鐵棒在賽車遊戲板下面操作，車子必須走卡紙上的 S 型彎道到達目的地，看哪一部車先到？幼兒必須手眼協調、專注地操作（用磁鐵棒牽引小汽車）方能成功。

3. 教師問幼兒：車子為什麼可以在西卡紙上行走？磁鐵的力量可以穿過什麼？

4. 教師做最後統整：磁力可以穿過固體的卡紙。並請幼兒思考：運用磁力穿透卡紙原理，還可設計什麼遊戲？

5. 教師可以再進行「偶台說故事」遊戲，請幼兒以西卡紙繪剪有底座、可站立的可愛動物、人物型態，在底座上夾迴紋針，置於紙箱檯面上，紙箱上可以加上幼兒繪的山水背景。然後讓幼兒在紙箱下操作磁鐵棒，引導紙箱台面上的玩偶走動，並配合口語說故事（圖 7-18）。

圖 7-18　偶台說故事（磁鐵棒讓偶台上的小玩偶可以走動）

d.賽船：磁力可以穿透水嗎？
e.沙中尋寶：磁力可以穿透沙嗎？

探索目標：在遊戲中，體驗磁鐵可以穿過水吸附東西。

進行方式與注意事項：

1. 教師向幼兒提起在水主題中所進行的水中釣魚遊戲，問幼兒是什麼東西讓紙魚可以釣起來？磁鐵可以穿透什麼東西把魚釣起來？

2. 教師發給幼兒鋁箔紙，請幼兒自己設計帆船，並在船底夾迴紋針或插大頭針。

3. 將做好的船放入透明容器中，發給幼兒上黏有磁鐵的長尺或竹棒，或直接使用磁鐵棒在容器下操作，引導容器中的船行走，並比賽哪一艘船快。

4. 教師做最後統整：磁力不僅可以穿過固體的容器，亦可以穿過水。

5. 也可讓幼兒試試「沙中尋寶：磁力可以穿過沙嗎？」的遊戲，即在沙箱中放入螺絲釘、小鐵釘、迴紋針等物，用強力磁鐵在沙盤上吸，看磁力是否可以穿過沙？

三、傳介性（磁化）

　　磁力具有傳介性，能磁化鐵質物體，如針、鐵釘、迴紋針、腳釘，使成一暫時性磁鐵。幼兒教師可以讓幼兒持這些鐵質物體，同一方向持續摩擦強有力的磁鐵，針就可以被磁化成自製磁鐵了，但自製磁鐵的磁力會漸形消失。

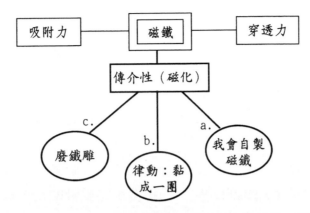

圖 7a-13 磁鐵主題概念網絡活動圖(3)：傳介性（磁化）

a. 我會自製磁鐵

探索目標：藉實際操作，認識磁鐵的磁力可以傳介。

進行方式與注意事項：

1. 發給各組幼兒強力磁鐵與大型迴紋針、小迴紋針，問幼兒迴紋針是不是磁鐵？可以吸住小迴紋針嗎？

2. 讓幼兒手持大迴紋針對著磁鐵用力朝同一方向摩擦至少二十下，儘量讓迴紋針的摩擦面加大。並問幼兒為什麼要這麼做？

3. 請幼兒將摩擦過的大迴紋針對著小迴紋針，看小迴紋針有什麼反應？為什麼會這樣？請幼兒發表。

4. 再請各組幼兒分別摩擦大迴紋針不同次數，如一組30次，一組50次，一組80次，然後比較被磁化的大迴紋針吸附的小迴紋針數量。

5. 最後教師協助幼兒下結論，作一統整：(1)大迴紋針與磁鐵摩擦，磁鐵的磁力會傳到大迴紋針使成暫時性磁鐵；(2)摩擦次數愈多的迴紋針，其磁力愈強。

b. 律動：黏成一團

探索目標：藉肢體動作，表徵磁力與磁化作用。

進行方式與注意事項：

1. 教師徵求自願當大磁鐵的幼兒數名，以及大迴紋針的幼兒數名，其餘幼兒扮演小迴紋針。

2. 教師喚起幼兒在「誰吸得多」活動中，迴紋針是如何被磁鐵連串吸起的記憶，請扮演大磁鐵幼兒站出來，往其他幼兒移動，其他幼兒則紛紛被連串吸住。

3. 接著配合音樂，請扮演大迴紋針的幼兒與大磁鐵幼兒互相摩擦，然後成為暫時性磁鐵的幼兒，向扮演小迴紋針的幼兒接近，結果小迴紋針被大迴紋針吸住了。

4. 最後扮大磁鐵幼兒往大、小迴紋針接近，結果磁鐵、大、小迴紋針吸附成一團。

━━━━━━━━━━ C.廢鐵雕 ━━━━━━━━━━

探索目標：親身體驗磁力與磁化作用。

進行方式與注意事項：

1. 教師請家長幫忙蒐集摒棄的大、小鐵製瓶蓋、鐵罐、鐵盒、或其他鐵器用品，以及高腳釘、大、小迴紋針、鐵尺、鐵片、鋼珠等，並準備大、小磁鐵一堆，告訴幼兒要用鐵器製品雕塑。

2. 幼兒用鐵鎚任意敲打鐵罐、鐵器，使之成型，或用磁鐵摩擦鐵罐、鐵器，使之磁化。

3. 最後將磁鐵、磁化的廢鐵器、其他鐵器或鐵製品創意連接，雕塑成作品（圖 7-19，7-20，7-21）。

圖 7-19　廢鐵雕(1)

圖 7-20　廢鐵雕(2)

圖 7-21　廢鐵雕(3)

第五節　簡易機械

　　日常生活中常離不開的開罐器、開瓶器、螺旋紋路設計的瓶蓋、門把、百葉窗、打蛋器、鬧鐘等都是利用簡單的機械原理所製成的：槓桿、滑輪、輪軸、齒輪、螺旋。例如鬧鐘可能有槓桿式的開關裝置以及輪軸式的發條旋轉設計，百葉窗中暗藏有滑輪裝置，開瓶器就是運用槓桿原理，門把就是輪軸的設計，開罐器與打蛋器中則有齒輪的設計。常用的大型機械多由以上幾種簡單機械原理組合、設計而成。其實一個小小的開罐頭器，可能就有運用槓桿原理將刀片插入罐頭鐵片中，以及一個輪軸設計以轉動刀片，還有齒輪牽動運轉（圖7-22）。由於人的動作快慢與力量有其極限，這些簡易機械幫助人類增加（改變）力量、速度、或方向。幼兒天生好奇，想要知道某種機器或裝置為什麼會運轉或如何運轉，幼兒教師應供給幼兒可操作、探索的日常生活中的機械用品，以及各種小玩具（如發條玩具），以滿足其好奇心。

圖 7-22　開罐頭器與立可白修正帶中的齒輪

一、槓桿

　　槓桿有三種類型，第一種類型是支點在施力點與抗力點的中心，如蹺蹺板、剪刀，第二種類型是抗力點在支點與施力點中央，如：手推車、開瓶器，第三種類型是施力點在支點與抗力點中央，如揮棒打球動作、掃地動作。三種槓桿均利用有固定「支點」的棍桿適當施力，就會舉起重物，或改變力距。

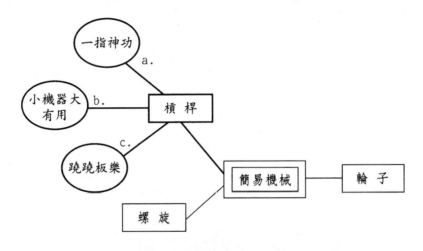

圖 7a-14　簡易機械主題概念網絡活動圖(1)：槓桿

━━━━━━━━━━━ a.一指神功 ━━━━━━━━━━━

探索目標：體驗槓桿可以為人類省力、舉起重物。

進行方式與注意事項：

1. 在一個小鐵盒或厚紙盒中裝石頭，用繩子捆綁在盒子上方打一個圈結。

2. 教師告訴幼兒只能用一根手指勾住圈結，將重盒提起，在幼兒抱怨太重提不起來時，教師拿出一塊長條木板與一塊小積木，告訴幼兒老師可以運用這兩項東西，就可以施展一指神功，把書舉起，

請幼兒先想想看老師是怎麼做的？並試試看。

3. 教師將木板一端插入盒子底部，在另一端塞入小積木作為「支點」讓木板翹起來。然後在木板翹起的一端施展一指神功，往下一壓，盒子就被舉起了（圖7-23）。

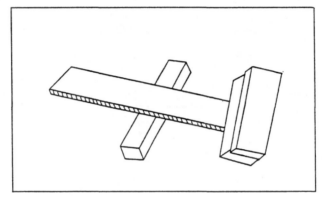

圖7-23　一指神功

4. 請幼兒分組做做看，是不是很容易舉起？在幼兒做的過程中，教師問幼兒：把支點的積木分別移向盒子或木板翹起的一端，哪一個比較省力氣？請幼兒試試看兩種情形，並比較結果。

b. 小機器大有用

探索目標：實際運用生活中的槓桿機械，體驗其對人類的貢獻。

進行方式與注意事項：

1. 老師將剪刀、開飲料器（往下一壓，飲料罐頭就有個洞口，可以流出飲料）、鐵鎚（榔頭尾部可以拔釘子）、開瓶蓋器（如開汽水瓶蓋）、湯匙（柄部可以作為槓桿，開下陷的鐵盒蓋，如可可粉罐），以及相關的器具（如：飲料罐、汽水瓶、酒瓶、釘有鐵

釘的木板、可可粉罐），展示給幼兒（圖7-24）。

圖7-24　各種日用品中的槓桿

2. 問幼兒每件機械有什麼用？確定幼兒知道後，問幼兒該機械運用時，其支點在哪裡？
3. 然後讓幼兒分組自由使用每種機械，實際開瓶、開飲料、拔釘子、剪東西、撬開可可粉罐等。
4. 最後統整幼兒的經驗，問幼兒對每種機械在施力時的感受如何？如果沒有這些小機械時，怎麼辦？

═══ C.蹺蹺板樂 ═══

探索目標：體驗遊樂器材就是運用槓桿原理。

進行方式與注意事項：

1. 教師將幼兒帶到園內蹺蹺板處，請幼兒自行玩蹺蹺板。
2. 教師坐在蹺蹺板靠中央支點處，請幼兒想辦法把他往上蹺，問幼兒這和「一指神功」活動中的木板、積木、支點各有什麼關係？一位小朋友坐上蹺蹺板尾端就可以把老師舉起來嗎？請小朋友試試看。老師再往尾端後退一點，問幼兒現在一個小朋友可以把老

　　師舉起來嗎？請小朋友再試試看。老師坐在最尾端，問幼兒現在
　　一個小朋友能把老師蹺起來嗎？請小朋友試試看。

3.請幼兒自己相互探索嬉戲。

二、輪子（滾軸、單輪、輪軸、齒輪、滑輪）

　　如果欲移動很重的皮箱，我們可以試著在皮箱下墊幾根「滾
軸」（rollor），以減少箱子與地面的摩擦力，但為了使皮箱繼續移
動前進，必須有人一直在箱子前面擺放滾軸，超市的輸送帶與百貨
公司的升降樓梯就是運用滾軸原理。許多辦公室的椅子是由許多的
「單輪」所組成的，每個單輪均可四面旋轉，而車輛即是利用兩個
輪子與一橫軸連結而成的「輪軸」所構成。一個帶牙齒的輪子即為
「齒輪」，通常與其他齒輪連結帶動，如打蛋器、手錶內的零件，
但腳踏車的齒輪是透過鍊子而傳動的。滑輪組也是由輪子組合而
成，電梯、旗杆、百葉窗均有滑輪裝置，生活中少不了它（圖
7-25）。

圖 7-25　滑輪裝置

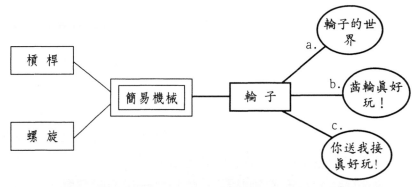

圖7a-15 簡易機械主題概念網絡活動圖⑵：輪子

---

a.輪子的世界

探索目標：親身體驗輪子的功用。

進行方式與注意事項：

1. 老師問幼兒在哪裡可以看到輪子？答案如：小三輪車、腳踏車、汽車、玩具車子、手推嬰兒車、辦公室的椅子、輪椅、送點心的餐車、超市的購物手推車等。以及輪子有什麼功用？教師出示原先準備的圖卡與幼兒一起討論。

2. 請家長幫忙準備手推嬰兒車或送貨的手推車，讓幼兒在嬰兒車內裝重物推推看，並與該重物用手提起的感覺比比看，那個省力？亦可讓幼兒玩送貨遊戲，將教室一角的書本或其他重物送到另一角落。

3. 請幼兒觀察玩具小汽車的輪子，並說出它的特色（兩個輪子以軸相連），然後讓幼兒賽小玩具車，看哪一輛車走的快，可配合木板斜坡遊戲，加入摩擦力、斜坡高度等變項，讓幼兒探索，經歷預測、觀察、驗證、下結論等科學程序。

4. 或者是讓幼兒騎乘小三輪車，或有輔助輪的小腳踏車繞園一圈，感受輪子的妙用。

━━━━━ b.齒輪真好玩！ ━━━━━

探索目標：親身體驗齒輪的功用。

進行方式與注意事項：

1. 老師示以幼兒玩具鐘（或有齒輪裝置的玩具）、開罐頭器、打蛋器、白色修正帶內的齒輪裝置，問幼兒那是什麼？有什麼用？告訴幼兒帶有牙齒突出狀的輪子叫齒輪。

2. 然後讓幼兒探索以上齒輪裝置，問幼兒一個齒輪轉動，其他的齒輪會怎樣？開罐器、打蛋器、白色修正紙條上的齒輪裝置有什麼作用？

3. 最後教師拿出塑膠齒輪片與插梢，請幼兒在插板上自己組裝齒輪組，問幼兒一個齒輪轉動，其他齒輪會怎樣？兩個齒輪一起牽動時，他們轉動的方向一樣嗎？一大一小的輪子，他們轉動的圈數一樣嗎？

4. 然後請幼兒從插板的一角開始組裝齒輪，使之能帶動另外一角的齒輪。教師接受各種不同的組裝路線與方式。

━━━━━ c.你送我接真好玩！ ━━━━━

探索目標：親身體驗滑輪的妙用。

進行方式與注意事項：

1. 老師出示有滑輪裝置物品的照片予幼兒，如：百葉窗、旗杆、起重機等，和幼兒討論滑輪的功用、或讓幼兒實際拉拉百葉窗、旗杆以體驗之。

2. 如教室中有小閣樓，教師可以裝設簡單的滑輪裝置，讓幼兒上下輸送東西，或在閣樓兩端裝設有如兩條曬衣繩的橫向滑輪裝置，讓幼兒輸送輕的東西（圖 7-26）。

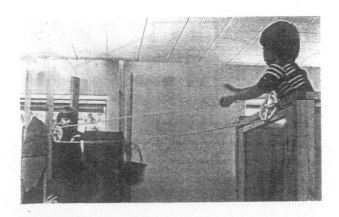

圖7-26　幼兒園活動室中的滑輪裝置（取自Forman & Hill: Constructive Play）

3.如若無法做到，教師可以準備圓柱體積木，在兩端圓面釘入大鐵
　釘，上綁繩子，懸掛於天花板、或其他可固定懸掛處；在圓柱體
　積木上圈掛童軍繩，繩子的一端吊一籃，另一端則綁在椅背上，
　當成滑輪裝置的輸送機。

三、螺旋

　　螺旋其實就是利用斜面原理，是一個彎曲的斜面。將一長方形
紙張對角線剪開成一斜面，再將此一斜面對著筆纏繞盤旋而上即為
螺旋，攤開來後即變為斜面，斜面與螺旋都是省力的一種簡單機
械。東西垂直上提需費大力，若沿著光滑、摩擦力少的斜面上拉就
省力多了。螺旋釘、燈泡與燈座、瓶蓋與瓶口、辦公椅子的升高裝
置，常是螺旋設計。

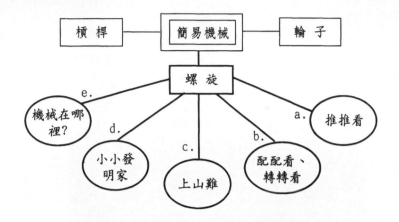

圖 7a-16　簡易機械主題概念網絡活動圖⑶：螺旋

a.推推看

探索目標：親身體驗斜坡可幫助人們提起重物。

進行方式與注意事項：

1. 用大紙盒裝重物，請幼兒抬抬看，然後在桌旁斜靠一塊木板，請幼兒將大紙盒往斜坡上推推看，比較哪一種情況省力？

2. 再問幼兒生活中有沒有看過運用斜坡的實例？和幼兒一起討論。答案如：輪椅走殘障斜坡、送貨推車走斜坡等。

3. 將一小卡紙在對角線畫線並裁剪下來，問幼兒像不像木板斜面？將對角斜面往筆上纏繞成螺旋紋路，告訴幼兒螺旋就是彎曲的斜面，並讓幼兒也試著捲螺旋紋路（圖 7-27，7-28）。

圖　7-27　小卡紙對角線裁下的斜面

圖 7-28　螺旋是彎曲的斜面

━━━━━━━━ b.配配看、轉轉看 ━━━━━━━━

探索目標：親身體驗螺旋紋路旋轉的感覺。

進行方式與注意事項：

1. 老師拿出大螺絲釘與螺絲帽，問幼兒有沒有看過這種東西，是做
什麼用的？請幼兒用手摸摸它的紋路，摸起來感覺怎樣？紋路像
什麼？和上個活動纏繞在筆上的彎曲斜面是不是一樣？並親手轉

動螺絲帽。

2. 再問幼兒還有沒有其他東西像螺旋一樣？教師儘量預備實物，和幼兒一起討論。

3. 拿出預先準備有螺旋紋路的各種瓶、罐與蓋子，將其混成一堆，請幼兒配配看，哪一個蓋子是哪一個瓶罐的？並轉轉看。

━━━ c. 上山難 ━━━

探索目標：親身體驗螺旋斜坡的功用。

進行方式與注意事項：

1. 教師請幼兒在沙箱中用沙堆塑出一座山，然後用玩具小汽車由山下往山上走，試試看會怎麼樣？（車子受地心引力影響會往下墜），教師問幼兒要怎麼辦才能上山？

2. 如果幼兒未能想出，將幼兒注意力指向前述的斜坡纏繞筆成螺旋紋路，請幼兒在沙山上彎曲斜面，挖路盤旋而上，再試試看車子會掉下來嗎？

3. 最後，教師再將幼兒經驗作一統整。

━━━ d. 小小發明家・e. 機械在哪裡？ ━━━

探索目標：實際運用創造力，發明有用的器械或用品。

進行方式與注意事項：

1. 在簡易機械整個主題結束前，教師將槓桿、輪子、與螺旋原理作最後統整，並陳列常見的機械、用品，或觀賞有關影片。

2. 教師供給幼兒螺絲釘、鐵釘、空罐頭、黏土、磁鐵、木板、紙盒、線軸、紙盤、迴紋針等物，引導幼兒自行運用創造力，發明有用的器械、用品。

3. 在引導過程中，教師可以逐一拿起所有供給幼兒的物品，問幼兒可以拿來做什麼？與想發明什麼？若想發明××，那個用品有什麼特色？運用那種機械原理？要用什麼東西做才像？要怎樣才能

發揮功能？教師並且在旁協助切、割、組裝。

4. 最後，請幼兒將所發明的器械或用品展示與介紹。

5. 整個機械主題結束前，除請幼兒尋找家中、園中的械外，教師亦可帶幼兒赴鄰近街道尋找機械。諸如：觀看貨車上、卸貨情形；或建築工地所運用的大型機械，如：起重機、怪手等；以及街上來往的各式車輛。

6. 教師問幼兒看到了什麼？滑輪？輪子？斜坡？齒輪？與幼兒一起討論。

第八章　結論——幼兒自然科學教育之省思與展望

　　筆者在第一篇中，歸結各家理論，揭示幼兒自然科學教育三大目標：(1)獲致科學知識與概念；(2)培養科學探究的方法與技巧；(3)養成科學態度與愛護自然、科學的情操；並進而指出幼兒自然科學教育六大項具體而微之實施方法與策略：(1)提供直接經驗；(2)善用隨機經驗；(3)豐富學習環境；(4)培養程序能力；(5)引導幼兒探索；(6)設計統整活動，期在理論（念）上指引正確方向，以作為教學實務之依據。而在第二篇中，則分別就幼兒自然科學教育之四大項主題－植物、動物、生存（地球）環境與自然力量，探討了概念網路及提供具體活動設計，期對實務工作有所助益。若教師能採擷本書所揭示之精神，在課程設計與教學時參酌所提供之概念網絡活動圖，彈性調整與運用，相信必能達成幼兒自然科學教育之三大目標。本章則旨在省思我國幼兒自然科學教育之現況，並展望未來，提出改進建議，以供學前至低年級教師及師資培育機構之參考。

一、幼兒自然科學教育之省思

　　依據筆者多年的教學、輔導、與研究經驗，發現我國幼兒自然科學教育與上述所揭示的目標與教學方法比較，尚有許多缺失，仍有待改進，茲分述如下：

◎缺乏直接經驗性活動

　　幼兒科學教育最重要的方法是供給大量直接經驗，讓幼兒親身體驗、發掘答案，例如直接去觀察、去摸、去做、去挖、去混合、

去拆卸等。然而現階段許多教師的教學仍偏重以講述為主、幼兒聆聽，或流於太多的討論。即使有讓幼兒操作，也多淪於教師示範、幼兒照做的層次，鮮少讓幼兒從直接探索、觀察中發現答案或理解概念；更遑論常施行校外（戶外）教學，讓幼兒在自然現象發生的現場浸沐體驗。

◎過分偏重認知性目標

　　幼兒科學教育有三大目標，認知、情意、技能均重。當前有許多教師的教學較為偏重認知性目標，會讀、會認字、會說出概念要點成為教學重點，例如：一個介紹蝴蝶的活動，除了未能提供幼兒實際觀察蝴蝶的機會外，在教師講論的過程中，似乎以認字——認識蝴蝶的各部位國字為主要目標，如：前翅、後腿、複眼、觸角等字，不斷地以閃示卡讓幼兒記憶練習。偏重認知性目標的結果，當然忽略了培養幼兒科學探究的方法、態度，及愛護自然情操的其他項目標。

◎鮮少培養科學程序能力

　　觀察、推論、預測、分類、比較、運用時空關係、下結論等科學程序能力對獲取科學知識十分重要。然而目前許多教師對於科學探究的方法本就十分匱乏，或不理解其重要性，當然無法有效地引導幼兒在求知的過程運用科學程序能力。教師們與幼兒的互動多淪於講述、指示，即使有問話也多為低層次、聚斂性的問題（周淑惠，民 85b），幼兒很少有機會運用觀察、推論、預測、比較等科學程序能力，多半時間是聆聽老師的講解。舉例而言，教師點燃二根蠟燭，對幼兒說：「老師用一個杯子蓋住蠟燭，注意看喔！火會熄滅，因為沒有空氣。」然後就示範一次，並發下每組幼兒二根蠟燭與杯子，請幼兒照做，就結束實驗。以上教學實例這還算是稍微好的情況，起碼幼兒有操作、觀察的機會，有些教師從頭至尾滔滔

不絕，而且是沒有使用任何的輔助教具，更不用說讓幼兒具體操作了。

◎欠缺科學素養與活動設計能力

　　教師應對每一項科學主題有一些基本的認識與素養，或於主題活動進行前，積極汲取相關知識，以免給予幼兒錯誤的資訊，或避而不教。而且在設計活動時，除要熟悉該主題概念、並要清晰界定活動目標，思考主題概念、活動目標、與活動間之邏輯關係，然後據以設計達成目標的活動，而不是隨意參考「沾有一些邊」的現成自然科學活動設計書籍就照單全收。筆者就曾見過在「水」的主題下，有作隱形墨水活動（以「檸檬汁」寫字，酸遇火烤的熱氣，現出書寫痕跡）、有作旋轉蛇活動（「肥皂」打破水的表面張力，讓紙蛇旋轉）、有作噴射氣船（紙船加一「充氣氣球」，然後放氣）等，這些活動很有趣，但似乎與其主要目標——認識水的特性——未有直接相關。此外，還有在認識空氣污染目標下，進行燃蠟燭蓋杯活動（蠟燭「缺氧」、燭火熄滅）、抓空氣、廢物利用等活動，與主題目標無所相關。甚至有在「電的重要性」之下，進行「電魚」的律動，給幼兒錯誤、危險且違法的概念，與主題目標不符，實頗值深思。

二、幼兒自然科學教育之展望

　　針對以上常見的缺失，展望未來，筆者提出幾項具體建議，以供幼兒教師以及師資培育機構之參考：

◎對幼兒教師之建議

1. 多充實有關自然科學方面的知識
幼教要成為一專門學門、受人尊敬，必須從教師自身做起，教

師表現出專業化是最直接的方法，充實自己成爲不二法門，不要讓
外人以爲幼兒教師祇會「哄」小孩、唱唱跳跳而已。平日多閱讀自
然科學方面圖書，多汲取報章雜誌常識，往往都有幫助；在真正主
題進行時，更要多方蒐集資料、大量閱讀，與幼兒一起成長、一起
學習，千萬不要規避幼兒自然科學方面的活動。

2.多參加在職進修，獲取科學探究的能力

在以往教師很少接觸到所謂的建構式教學、發現學習法，或實
際運用觀察、預測、推論、下結論等科學程序能力，因而較爲欠缺
此一方面的認識。教師應多參加大、小研習，以汲取科學探究相關
資訊與能力，並習得如何引導幼兒作科學探索的方法，例如：發問
的技巧。當然，更基本的作法是多閱讀科學探究相關書籍。

3.多借助家長資源與社會資源

家長資源非常豐富，當進行某一不熟悉主題時，可以商請各行
各業的家長，如：工程師、水電工、水族館老闆、電器行老闆、園
藝專家等爲幼兒介紹其專業知識或進行主題活動；甚至，校外之旅
也可央請家長隨行照顧，方便進行教學活動。若有固定家長可以支
援，則提供大量經驗性活動，讓幼兒在自然現象發生的現場探索學
習，就有可能實施。此外，廣大豐富的社會資源也可大加利用，如
博物館、圖書館、公園等。光博物館其種類就很多，如：海洋博物
館、航空博物館、科學博物館……。

4.多運用圖畫故事書

自然科學要與其他各學科領域統整結合，運用圖畫故事書是最
好的方法。圖畫故事書寓教於樂、有豐富有意義的情境圖片與簡要
的文字故事，不但對科學概念之獲得較易，而且也是很好的語文學
習活動。在目前有所謂的「文學爲基礎的課程」（Literature-based

curriculum），即是利用現成的圖畫故事書，進行與故事書內容有關的一些延伸活動，以促進主題概念的理解。有許多很棒的圖畫故事書對自然科學概念很有助益，如：葉子鳥、小種籽、下雨了、好餓的毛毛蟲、好忙的蜘蛛、好紅好紅的紅毛衣、到菜園走走等，端看老師如何運用與選擇。

5. 多表現探究者的態度與愛護自然的情操

　　教師與幼兒一起進行主題探討時，也要常表現好奇、求知的態度，如果幼兒的問題問倒了你，可以坦然告訴幼兒：「老師也不知道，讓我們一起研究看看，或找找資料。」在共同探索的過程，常常發出疑問，或以問題詢問幼兒，示範如何發問。此外，愛護自然的情操也要在日常生活中流露出來，例如：即使憎惡毛毛蟲也不要大吼、大聲斥責幼兒，把幼兒探索的心都澆滅了。還有環保要從生活中做起，在生活中起示範作用。

6. 多思考主題概念、活動目標、活動之間的邏輯相關性

　　有豐富的自然科學知識，還要有設計活動的能力。在設計活動時，要多運用思考，自問所設計的活動是否能達成目標、增進主題概念的理解？亦即以上三者之間（活動目標、主題概念、活動）是否有緊密的關聯？再好的活動，如與目標無關，或無法達成目標，也是枉然。教師可多參考其他現成的活動設計，但重要的是要經過自己的過濾與思考，要問自己的活動目標是什麼？而且要考量幼兒的年齡與能力，作彈性調整，而不是全然抄襲、照單全收。

◎對師資培育機構之建議

1. 強化幼兒自然科學教材教法之理念與實務，及其聯結工作

　　教學理念與實務均十分重要，身為教師者不僅要知悉如何教，而且也要知悉為何如此教？理念是實務之指導原則，有強固之理

念，則實務方向必去之不遠；而實務經驗彰顯理念，直接影響教學成效。師資培育者應強化職前教師之自然科學教學理念－科學知識、獲取知識的探究方法、科學態度與情操均同等重要，尤其在現今幼兒教師偏重認知取向的教學情況下，更應著重於科學探究方法的培養及科學態度與情操的陶冶，在課堂上示範如何發問、如何與幼兒互動，如何引導幼兒觀察、預測、推論、下結論等程序能力。同時，在教材教法課程中，應多提供以主題統整各領域活動的課程設計機會與練習，落實統整性課程設計經驗。此外，亦要加強職前教師理念與實務間之聯結工作，當練習設計課程或活動時，師資培育者要促其省思課程或活動背後之設計理念，或是探討同一理念之不同作法或活動設計，讓職前教師在理念與實務間騁馳流轉，促進理念與實務工作之聯結。而上述強化理念、增強統整性課程設計能力、與促進理論與實務之聯結，亦適用於在職教師之研習。

2. 加強坊間幼兒自然科學教材之評估工作

在目前，幼兒自然科學教材教法書籍極為匱乏，幼兒教師又缺乏自然科學專業知識與素養，更不知如何將專業知識化為生活化、具體化、經驗化的幼兒科學活動，便多依賴良莠不齊的坊間教材。當務之急乃師資培育機構與教育有關當局，應全面清查並評估坊間各種自然科學教材，有如消費者基金會作法般，公佈不符評估標準之教材，並鼓勵優良教材，以去蕪存菁。若師資培育機構能掌握坊間教材評估結果，提供幼兒教師選擇教材之資訊，則必能裨益與改善幼兒園之教學實務。

3. 促進幼兒教育學者與其他層次科學教育學者之交流合作

幼兒教育是非常強調全人教育、以及統整性課程，幼兒教育師資培育者，必須通識幼兒發展的各個領域，如社會、情緒、認知、體能、創造力等，且要十八般武藝均兼，有理論素養，亦有實務技

巧，難免無法非常專精於某一領域（純屬筆者個人所感）。而且目前國內幼教界，專研幼兒科學教育的學者，實屬不多，極有必要與其他層次科學教育學者，尤其是小學科學教育學者，互動交流，攜手合作。小學科學教育學者也許不諳幼兒教育本質，幼兒教育學者也許對科學教育非極為專精，兩方面水乳交融，正可截長補短。合作交流的項目，除了有關科學學術研究的整合探討外，更重要的是共同開發適合幼兒之教材教法。目前坊間幼兒教材充斥，甚而企業化經營，有全套的行銷、研習計畫，幼兒教師多依賴這些良莠不齊的坊間幼兒教材；而反觀學界著作之幼兒自然科學教材教法，極為匱乏，學院派學者豈能坐而視之？

參考文獻

中文部分：

王文科譯（Plaski原著）（民81）。兒童的認知發展導論。台北：
　　文景。

上誼文化編譯（Ardley, N.原著）（民81）。進入科學世界的圖畫
　　書（第一至十四冊）。台北。

王美芬、熊召弟（民84）。國民小學自然科教材教法。台北：心理
　　出版社。

王連生譯（Charles, C.M.原著）（民67）。皮亞傑學說與兒童科
　　學觀念之探討。教師之友，19卷，4期，頁6-8。

甘漢銑等（民83）。小學自然科教學研究。台北：師大書苑。

周淑惠（民84）。幼兒數學新論－教材教法。台北：心理。

周淑惠（民85a）。當前幼兒數學研究及其教育意涵。嘉師國教所
　　學報，第二期。

周淑惠（民85b）。幼兒教師之教學信念與行爲研究。國科會專題
　　研究計劃：NSC84-2411-H134-005。

岡田正章監修（民81）。幼稚園自然事象、數量形教學設計。台
　　北：武陵。

柯華葳（民84）。學前的孩子不是沒有邏輯、知識的小人兒。新幼
　　教，5，21-23。

信誼學前兒童教育研究發展中心主編（民78）。幼稚園托兒所活動
　　設計實例（7）：自然。台北：信誼。

陳建勳（民81）。SAPA及SCIS近年來的修訂及其發展的趨向。國
　　教月刊，38卷，12期，頁38-440。

許義宗（民79）。幼兒科學遊戲。台北：理科。

黃寶鈿（民 81）。幼兒園兒童的科學教育。**科學教育**，54 期，頁
　　8-13。

張世宗（82.9-83.3）。幼兒與科學。**學前教育月刊**。

張麗芬（民82）。幼兒類比推理能力之研究。政治大學博士論文。

趙金祁（民 71）。科學教育與邏輯推理。**科學教育**，51 期，頁
　　3-11。

鄭書皓、楊堅望編著（民84）。**新綜合科學**（第一冊、第二冊、第
　　三冊）。台北：珠海出版公司。

鄭湧涇（民 71）。皮亞傑認知發展與生物科學習的關係。**科學教
　　育**，51 期，頁 23-27。

劉穎（民82）。幼稚園環境教育課程初探。**國教月刊**，39 卷，9、
　　10 期，頁 21-27。

簡茂發，郭碧淰等（民83）。**學齡前兒童環境保護課程**。省政府環
　　保處委託計劃。

英文部份：

Abruscato, J. (1988). *Teaching children science.* Englewood Cliffs,
　　New Jersey: Prentice-Hall.

Althouse, R. (1988). *Investigating science with young children.* New
　　York: Teachers College.

Ausubel, D. et al., (1978). *Educational psychology:* A cognitive view.
　　New York: Holt, Rinehart & Winston.

Baroody, A. J. (1992). The development of preschoolers' counting skill
　　and principles. In J. Bideaud, C., Meljac, & J. P. Fischer (Eds.),
　　Pathways to number: Children's developing numerical abilities.
　　Hillsdale, N.J.: Lawrence Erlbaum.

Berk, L. E. & Winsler, A. (1995). *Scaffolding children's learning:
　　Vygotsky and early childhood education.* Washington, D.C.: Na-
　　tional Association for the Education of Young children.

Berzansky, M. (1971). The role of familiarity in children's exploration of physical causality. *Child Development, 42,* 705-715.

Bliss, J. (1995). Piaget and after: The case of learning science. *Studies in Science Education, 25,* 139-172.

Brainerd, C.J. (1974). Inducing ordinal and cardinal representations of the first five natural numbers. *Journal of Experimental Child Psychology, 18,* 520-534.

Bredderman, T. (1982). Activity science-the evidence shows it matters. *Science and Children, 20,* 39-41.

Bredekamp, S. & Rosegrant, T. (1995), Reaching potentials through transforming curriculum, assessment, and teaching. In S. Bredekamp & T. Rosegrant (Eds.). *Reaching potentials: transforming early childhood curriculum and assessment (Vol.2).* Washington D.C.: National Association for the Education of Young Children.

Bruner, J. (1960). *The processes of eduction: A landmark in educational theory.* Cambridge, M.A.: Harvard University press.

Bruner, J. (1961). The act of discovery. *Harvard Education Review, 31,* 21-32.

Bruner, J. (1966). *Towards a theory of instruction.* Cambridge: Harard University Press.

Bruner, J. (1986). *Actual minds, possible worlds.* Cambridge, MA: Harvard University Press.

Bruner, J. (1987). The transactional self. In J. Bruner & H. Haste (eds.), *Making sense: The child's construction of the world.* New York: Routledge.

Bruner, J. & Haste, H. (1987). Introduction. In J. Bruner & H. Haste (eds.), *Making sense: The child construction of the world.* New york: Routledge.

Brunkhorst, B. J. (1991). Getting started with science-science inquiry for early childhood education. In D. Elkind. (Ed.), *Perspectives on early childhood education.* ERIC Document Reproduction Service No. ED 337275.

Carin, A. A. & Sund, R. B. (1989). *Teaching modern science.* Columbus, Ohio: Merrill.

Case, R. (1986). *Intellectual development: Birth to adulthood.* New York: Academic Press.

Chi, M. H. & koeske, R. D. (1983). Network representation of a child's dinosaur knowledge. *Developmental Psychology, 19,* 29-39.

Cliatt, M. J. P. & Shaw, J. M. (1992). *Helping children explore science.* New York: Macmillan.

Day, B. (1988). Early childhood education: Creative learning activities. New York: Macmillan.

Dietz, G. A. & Sunal, D. W. (1976). Science. In C. Seefeldt (ED.), *Curriculum for the preschool-primary child: A review of the research.* Columbus, Ohio: Charles E. Merrill.

Donaldson, M. (1978). *Children's minds.* New york: W.W. Norton.

Durrell, C. V. (1960). *Readable relativity.* New york: Harper Torchbook.

Elliott, S. (1989). *Science for young children.* ERIC Document Reproduction Service No. ED 376 957.

Eliason, C. & Jenkins, L. (1994). *A practical guide to early childhood curriculum.* New York: Merrill.

Flavell, (1982). Structures, stages, and sequences in cognitive development. In W. A. Collins (Ed.), *The concept of development: The Minnesota symposia on child psychology, (V. 15),* p1-28. Hillsdale, N.J.: Erlbaum.

Fleer, M. (1991). *Why won't my torch work? physics for 4 to 8 year olds.* ERIC Document Reproduction Service No. ED 370691.

Fleer, M. (1992). *From Piaget to Vygotsky: Moving into a new era of early childhood education.* ERIC Document Reproduction Service No. ED 360060.

Fleer, M. (1993). Science education in child care. *Science Education, 77(6),* 561-573.

Forman, G. E. & Kaden, M. (1987). Research on science education for young children. In C. Seefeldt. (Ed.), *The Early childhood curriculum: A review of current research.* New York: Teachers College Press.

Forman, G. E. & Hill, F. (1984). *Constructive play: Applying Piaget in the preschool.* Reading, M. A.: Addison Wesley.

Forman, G. E. & Kuschner, D. S. (1983). *The Child's construction of knowledge: Piaget for teaching children.* Washington, D. C.: National Association for the Education of Young Children.

Forte, I. & Mackenzie, J. (1983). *Creative science experiences.* Nashville, Tennessee: Incentive.

Gale, F. C. & Gale, C. W. (1985). *Experiences in the physical environment for young children.* Ann Arbor, Michigan: West Hawk Industries.

Gardner, (1991). *The unschooled mind: How children think and how school should teach.* MA: Basicbook.

Gelman, H. (1979). Preschool thought. *American Psychologist, 34*(10), 900-905.

Genter, D. (1989). The mechanisms of analogical reasoning. In S. Vosniadou and A. Ortony (Eds.), *Similarity and analogical reasoning.* Cambridge: Cambridge University Press.

Ginsburg, H. P. & Opper, S. (1988). *Piaget's theory of intellectual development.* Englewood Cliffs, New Jersey: Prentice Hall.

Ginsburg, H. P. (1989). *Children's arithmetic: How they learn it and how you teach it.* Austin, Tex: Pro-Ed.

Ginsburg, H. P. (1981). Piaget and education: the contributions and limits of genetic epistemology. In I. E. Sigel., D. M. Brodzinsky, & R.M. Golinkoff (Eds.), *New directions in Piagetian theory and practice.* Hillsdale, NJ: Lawrence Erlbaum Associates.

Harlan, (1988). *Science experiences for early childhood* . Columbus, Ohio: Merrill.

Haste, H. (1987). Growing into rules. In J.S. Brunner & H. Haste (Eds.), *Making sense: The child's construction of the world.* New York: Methuen.

Heddens, J. W. & Speer, W. R. (1988). *Today's mathematics.* Chicago, IL: Science Research Associates, Inc.

Holt, B. (1989). *Science with young children.* Washington, D. C.: National Association for the Education of Young Children.

Howe, A. (1975). A rationale for science in early childhood education. *Science Education, 59,* 95-101.

Inagaki, k. (1992). Piagetian and post-Piagetian conceptions of development and their implications of science education. *Early Chilldhood Research Quarterly, 7,* 115-133.

Janus, L.H. (1977). Activity oriented science, is it really that good. *Science and Children, April,* 1977.

Kamii, C. & Devries, R. (1978). *Physical knowledge in preschool education: Implications of Piaget's theory.* Englewood Cliffs, NJ: Prentice-Hall.

Karplus, R. & Thier, H. (1967). *A new look at elementary school science.* Chicago: Rand Mcnally.

Kilmer, S. J. & Hofman, H. (1995). Transforming science curriculum. In S. Bredekamp & T. Rosegrant (Eds.). *Reaching potentials: Transforming early childhood curriculum and assessment (vol.2).* Washington D. C.: National Association for the Education of Young Children.

Koslowski, B. (1980). Quantitative and qualitative changes in the development of seriation. *Merrill Palmer Quarterly, 26,* 391-405.

Kuhn, D., Amsel, E. & O'Loughlin, M. (1988). The development of scientific thinking skills. San Diego, CA: Academic Press.

Lave, J. & Wenger, E. (1991). *Situated learning: Legitimate peripheral participation.* Cambridge, MA: Cambridge University Press.

Levenson, E. (1989). *Teaching children about science: Ideas and activities every teacher and parent can use.* New York: prentice Hall.

Macbeth, D. R. (1974). The extent to which pupils manipulate materials and attainment of process skills in elementary school science. *Journal of Research in Science Teaching, 11,* 45-51.

Markman, E. M. & Siebert, J. (1976). Classes and collections: Internal organization and resulting holistic properties. *Cognitive Psychology, 8,* 561-577.

Markman, E. M. (1973). Facilitation of part-whole comparisons by use of the collective noun "family". *Child Development, 44,* 837-840.

Maxim, G. W. (1989). *The very young.* Columbus, Ohio: Mcrrill.

McIntyre, M. (1984). *Early childhood and science.* Washington, D. C.: National Science Teachers Association.

Newman, D. B. (1978). *Experiences in science for young children.* New york: Delmar.

Pascual-Leone, J. (1980). Constructive problems for constructive theories: The current relevance of Piaget's work and a critique of information-processing simulation psychology. In R.H. Kluwe & H. Spada (Ed.). *Development models of thinking.* New York: Academic Press.

Piaget, J. & Szeminska, A. (1952). *Child's conception of number* (C. Gattegno and F.M. Hodgson, Trans.). New York: The Humanities Press Inc. (Original work published 1941).

Piaget, J. (1960). *The child's conception of physical causality.* Totowa, N.J.: Little field, Adams.

Piaget, J. (1963). *The origin of intelligence in children.* New York: Norton.

Piaget, J. & Inhelder, B. (1964). *The early growth of logic in the child.* London: Routledge & Kegan Paul.

Piaget, J. (1965). *The child's conception of the world.* Totowa, N. J.: Littlefield, Adams.

Piaget, J. (1970). *Genetic epistemology* (E. Duckworth Trans.). New York: Columbia University Press.

Piaget, J. (1973a). *To understand is to invent: The future of education* (G. and A. Roberts Trans.). New York: Grossman.

Piaget, J. (1973b). Comments on mathematical education. In A.G. Howson (Ed.). *Developments in mathematical education: Proceedings of the second international congress on mathematical education.* London: Cambridge University Press.

Piaget, J. (1976). Piaget's theory. In B. Inhelder, & H. Chipman (Eds.), *Piaget and his school: A reader in developmental psychology.* New York: Springer-Verlag.

Resnick, L. B. & Ford, W. W. (1981). *The psychology of mathematics for instruction.* Hillsdale, NJ:Lawrence Erlbam.

Resnick, L.B. (1983). Mathematics and science learning: A new conception. *Science, 220,* 477-478.

Rogoff, B. (1990). *Apprenticeship in thinking: Cognitive development in social context.* New York: Oxford University Press.

Rosch, E., Mervis, C. B., Gray, W., Jonson, D. & Boyes-Braem, P. (1976). Basic objects in natural categories. *Cognitive Psychology, 3,* 382-439.

Shymansky, J. A., Kyle, W. C. & Alport, J. M. (1982). How effective were the hands-on science programs of yesterday? *Science and children, 20,* 14-15.

Schmidt, C. R. & Paris, S. G. (1977). *Children's understanding of causal sequence.* Paper presented at the bienniel meeting of the Society for Research in Child Development, New Orleans.

Shaw, J. M. (1992). *Helping children explore science: A sourcebook for teachers of young children. New York: Mcmillan.*

Smith, A. B. (1992). *Early childhood education: Seeking a theoretical framework in Vygotsky's work.* Eric Document Reproduction Service No. Ed 355010.

Smith, R. F. (1981). Early childhood science education: A Piagetian perspective. *Young Children, 36*(2), 3-10.

Smith, R. F. (1987). Theoretical framework for preschool science experiences. *Young children, 42*(2), 34-40.

Starkey, P. & Gelman, R. (1982). The development of addition and subtraction abilities prior to formal schooling in arithmetic. In T.P. Carpenter, J.M. Moser, & T.A. Romberg (Eds.), *Addition and subtraction: A cognitive perspective.* Hillsdale, N.J.: Lawrence Erlbaum.

Sternberg, R. J. & Nigro. G. (1980). Selection and implementation of strategies in reasoning by analogy. *Journal of Educational Psychology, 74,* 379-413.

Sugarman, S. (1981). The cognitive basis of classification in very young children: An analysis of object ordering trends *Child Development, 52,* 1172-1178.

Vygotsky, L. S. (1978). *Mind in society: the development of higher psychological process.* Cambridge, MA: Harvard University.

Walsh, D. (1992). Some implications of post piagetian perspectives for early childhood education: Helping children make sense. paper presented at a Seminar on Early Childhood Education, Taipei Municipal Teachers College.

Watson, J. S., Hayes, L. A. & Vietze, P. (1979). Bidimensional sorting in preschoolers with an instrumental learning task. *Child Development, 50,* 1178-1183.

Wertsch, J. V. (1985). *Vygotsky and the social formation of mind.* London, UK: Harvard University Press.

Wood, D. J. (1989). Social interaction as tutoring. In M.H. Bornstein & J. S. Bruner (Eds.), *Interaction in human development.* Hillsdale, N. J.: Erlbaum.

Wood, D. J., Bruner, J.S. & Ross, G. (1976). The role of tutoring in problem solving. *Journal of Child Psychology and Psychiatry, 17,* 89-100.

Wood, D. J. (1988). *How children think and learn.* New York: Basil Blackwell.

Wortham, S. C. (1994). *Early childhood curriculum: Developmental bases for learning and teaching.* New York: Merrill.

國家圖書館出版品預行編目（CIP）資料

幼兒自然科學經驗：教材教法／周淑惠著.
--二版.-- 臺北市：心理, 1998（民 87）
　面；　公分.--（幼兒教育系列；51019）
參考書目：面
ISBN 978-957-702-275-2（平裝）

1. 學前教育—教學法　2. 科學—教學法

523.23　　　　　　　　　　　　87009416

幼兒教育系列 51019

幼兒自然科學經驗：教材教法（第二版）

作　　者：周淑惠
總 編 輯：林敬堯
發 行 人：洪有義
出 版 者：心理出版社股份有限公司
地　　址：231026 新北市新店區光明街 288 號 7 樓
電　　話：(02) 29150566
傳　　真：(02) 29152928
郵撥帳號：19293172　心理出版社股份有限公司
網　　址：https://www.psy.com.tw
電子信箱：psychoco@ms15.hinet.net
印 刷 者：翔盛印刷有限公司
初版一刷：1997 年 3 月
二版一刷：1998 年 8 月
二版十九刷：2024 年 3 月
Ｉ Ｓ Ｂ Ｎ：978-957-702-275-2
定　　價：新台幣 350 元